広範囲応答型の官僚制

原田　久

広範囲応答型の官僚制
——パブリック・コメント手続の研究——

学術選書
64
行政学

信山社

　　　　　　　はしがき

　本書の目的は，1999(平11)年に閣議決定され2005(平17)年に法制化された意見公募手続（いわゆるパブリック・コメント手続。以下，原則として「パブリック・コメント手続」と表記）の機能を規定している要因を実証的に分析することにある。行政参加の手法は，「誰が，いかなる対象について，どの時期から参加するのか」という(1)主体，(2)対象，及び(3)時期の3つの観点から捉えることができる。パブリック・コメント手続は，従来の行政参加手法に比べて，(1)参加の主体に関して利害関係者に限られない幅広い主体による参加手続であること，(2)参加の対象に関して従来は許容されていなかった政省令等制定への参加手続であること，及び，(3)参加の時期に関して政策実施段階ではなく政策立案段階という早期の参加手続であること，の3点において画期的な行政参加手法だということができる。そしてその目的は，政策形成に利害関係者や一般市民から提出された意見を反映し，並びにその過程の公正性及び透明性を確保することにある。

　ところが，各府省が実施するパブリック・コメント手続を通じて提出される意見数は少なく，また，提出された意見に基づいて各府省が政省令等を修正する割合は低い。そのため，パブリック・コメント手続は当初の目的通りに機能しておらず，結果として各府省は企業・団体等や一般市民からの意見に耳を傾けることなく自律的に政策を立案しているのではないかという批判が根強い。しかし，各府省はパブリック・コメント手続に先立つ政省令等案の作成段階において日常的に接する政治的・社会的アクターから聴取した意見を斟酌しているのみならず，オフィシャルなパブリック・コメント手続段階において提出された意見をも一定程度取り入れつつ政省令等を制定している。ただ，このような「（制約された）広範囲応答型の官僚制」としての性格を各府省がどの程度有するかは，各府省を取り巻く環境条件のみならず各府

はしがき

省内部の構造的特質に依存する。これが本書の要約であり，かつ本書の主たる理論的主張である。

また，本書の理論的主張は，筆者がかねてより構想してきた行政研究の在り方に基づいている。すなわち，パブリック・コメント手続の機能を分析するにあたっては，

(1) 行政官僚制を取り巻く環境条件のみならず，行政官僚制内部の構造的特質からも説明してみたい，
(2) 加えて，総務省行政管理局が毎年公表する調査結果及び実務担当者へのインタビューから得られる印象・直感よりは，むしろ網羅的なデータ・セットに基づく定量・定性分析を行ってみたい，
(3) しかもその際，組織論にいう「適切さの論理（logic of appropriateness）」に依拠して"日常の官僚制"を府省横断的に描いてみたい，

というものである。つまり，先行研究と比較した本書の行政官僚制研究の特質は，(1)狭義の政治学とは異なる行政学独自のアプローチを設定した上で，(2)素朴な印象論とは異なる記述・分析のメソドロジーと網羅的なデータ・セットに基づき，(3)非日常的な個別省庁のエピソードとは異なる日常の官僚制の全体像につき組織論を意識しながら描くところにある。

そこで，本書の論述は，以下の構成で進められる。まず，第1部：パブリック・コメント手続の理論研究では，パブリック・コメント手続の実施状況を概観した上で，先行研究の到達点と課題を析出するとともにパブリック・コメント手続に対する本書のアプローチを提示する。次に，第2部：パブリック・コメント手続の実証分析では，オフィシャルなパブリック・コメント手続に先行する規制案作成段階とオフィシャルなパブリック・コメント手続段階の2局面における行政官僚制の行動を記述・分析する。加えて，規制影響分析という新たに導入された政策評価情報がパブリック・コメント手続にかかる行政官僚制の行動にどのようなインパクトを与えるのかについても考察する。最後に，第3部：パブリック・コメント手続の改革では，本書

の主張を要約した上で，第1部及び第2部の記述・分析に基づいたパブリック・コメント手続の改革方策について具体的な提言を行いたい。

　本書のもとになった論文は以下の4篇である。しかし，4篇のうち(4)を除く3篇については本書執筆段階で大幅な加筆・修正を施したため，本書にはその原形をとどめていない。とはいえ，各論文の執筆段階における研究アプローチや分析手法は筆者によるパブリック・コメント手続研究の知的遍歴を示しているため，ここに書き記しておきたい。

(1) 「新たな行政参加手法としてのパブリック・コメント手続」総務省大臣官房総務課編『新たな行政参加の在り方に関する調査研究報告書』(2006 (平18)年3月)
(2) 「パブリック・コメント手続の実証分析」季刊行政管理研究116号 (2006 (平18)年12月)
(3) Verwaltungsforschung und Verwaltungswissenschaft 立教法学 77号 (2009 (平21)年11月)
(4) 「規制影響分析の影響分析」季刊評価クォータリー10号 (2009(平21)年7月)

　このうち(1)は筆者がパブリック・コメント手続の実証研究に着手するきっかけとなった論文であり，総務省大臣官房総務課からの委託研究として行政管理研究センターが実施した調査研究報告の一部である。(1)では日本におけるパブリック・コメント手続の制度史，当該手続の運用及び当該手続の改革指針について幅広く論じたものである。行政管理研究センターの研究会では，総務省行政管理局のパブリック・コメント手続担当者との意見交換を行うとともに，パブリック・コメント手続に関する資料等を提供していただいた。もし筆者がこの研究会に参加しなかったら，筆者がパブリック・コメント手続に関心を寄せることはなかったかもしれない。この場を借りて，同研究会の研究委員長であった武藤博己先生及び研究委員の先生方，並びに行政

管理研究センター事務局の方々に御礼申し上げたい。

　(2)は(1)で論じた3つの部分のうちパブリック・コメント手続の運用に関し，(1)で得た着想をもとに定性・定量分析を行ったものであり，本書で展開する実証分析の原型に相当する。(2)を公表するにあたっては，東京大学行政学研究会（2006(平18)年9月）及び関西行政学研究会（2006(平18)年10月）で報告する機会に恵まれた。その際に，森田　朗先生や真渕　勝先生をはじめとする先生方からのコメントが本書執筆のきっかけの一つになっている。しかし，(2)では，計量分析におけるテクニカルな問題もさることながら，パブリック・コメント手続についての単年度のデータ・セットのみに基づいた分析であること，パブリック・コメント手続の運用（特に提出意見の反映状況）に関する府省間差異の原因について論じていないこと，及びパブリック・コメント手続に係る府省内部の構造的特質に触れていないこと，等の課題が残っていた。本書ではこれらの課題にあらためて正面から取り組んでみたい。

　(3)はパブリック・コメント手続の実証分析を念頭に置きつつ行政研究者が行政官僚制を分析する際の視点ないしはアプローチを提示したものであり，狭義の政治学とは異なる行政学独自の被説明変数・説明変数の選択のあり方を論じたものである。(3)の草稿は，筆者のドイツ滞在中（2007年9月～2009年3月）にドイツ語で書かれ，当時の受け入れ教授であるヤン（W.Jann）教授主宰の研究報告会（Kolloquium）において報告した（2009年1月）。その際の「行政学的アプローチがなければ政治の理解が不完全になる」ような変数を提示し分析すべきだというヤン教授からのコメントが，行政官僚制の内外を繋ぐ仕組みや手続にあらためて目を向けるきっかけとなった。また，在外研究中に，オルセン（J.P.Olsen）やブルンソン（N.Brunsson）などの行政学の「スカンジナビア学派（skandinavische Schule）」に関心を抱くことができたのも，ヤン教授の御陰である。

　(4)は，上記(1)～(3)の研究の延長線上にあり，また10年ほど前に行政管理研究センターで共同研究した規制影響分析の研究を発展させたものである。今日，規制という行政活動を媒介に，パブリック・コメント手続と政策評価

（規制影響分析）が接点を見いだしている。本書の大半はパブリック・コメント手続について論じるものであるが，規制の政策評価についてもパブリック・コメント手続の枠組みのなかでその機能を分析している。

　上記4篇の論文執筆に際し直接ご指導くださった先生方以外にも，筆者は日頃より多くの方々からご指導・ご支援を頂戴している。
　恩師である手島　孝先生には，立教大学赴任以降，お目にかかる機会が少なくなってしまった。しかし，手島先生にお目にかかれなくなった今日のほうが，かつてのご指導をよく思い出すようになった。したがって，本書が手島先生との潜在的対話の中から本書が生まれたことは疑いない。手島先生からの学恩に対し，この場を借りてあらためて深甚の謝意を表したい。
　勤務先である立教大学法学部の先生方，とりわけ政治学科の先生方からは研究会等を通じて実に多くのことを学んでいる。また，2010(平22)年4月に大学総長室勤めとなり，学部・大学院のほぼ一切の教育と学部行政を投げ出しているにもかかわらず，政治学科の先生方は筆者にいつもやさしく接してくださっている。本書が，政治学科の先生方が積み上げてきた立教政治学の発展に少しでも貢献するところがあるとすれば望外の幸せである。さらに，同門の後輩である坂井宏介氏（福岡工業大学助教）と茂木康俊氏（保健医療経営大学専任講師）の二人からは，本書の草稿について的確なコメントをいただいた。両氏は，毎度送られてくる原稿に辟易しているだろうが，筆者にとっては若い二人との意見交換が大きな刺激である。
　最後になったが，信山社とご縁の深い同僚の神橋一彦先生，及び，前著『NPM時代の組織と人事』（信山社，2005年）に続き編集をご担当くださった信山社・今井　守氏からの暖かい励ましがなければ，本書が上梓されることはなかった。ここに記して感謝したい。
　なお，本書出版にあたっては，立教大学2010年度出版助成の恩恵に浴したことを記しておきたい。

　本書は，大学行政に忙殺され，夜遅い帰宅が続いても黙って見守ってくれ

はしがき

る妻と娘，そして，本書の完成を待たずして他界した父に捧げられる。

 2010（平 22）年 12 月

原 田 　 久

〈目　次〉

◆ 第Ⅰ部　パブリック・コメント手続の理論研究 ──────── 1

第1章　パブリック・コメント手続の制定史と現状 ………………………… 3
　第1節　パブリック・コメント手続の制定史　(5)
　第2節　パブリック・コメント手続の現状　(12)
第2章　パブリック・コメント手続の行政学的アプローチ ……………… 29
　第1節　官僚制の政治的コントロール論　(32)
　第2節　官僚制研究の新しい組織アプローチ　(39)
　第3節　発言・決定・行動　(43)
第3章　パブリック・コメント手続に関する先行研究 …………………… 49
　第1節　日本における先行研究の到達点と課題　(49)
　第2節　アメリカにおけるパブリック・コメント手続の実証分析　(56)

◆ 第Ⅱ部　パブリック・コメント手続の実証分析 ─────── 67

第4章　規制案作成段階における行政官僚制の行動 ……………………… 69
　第1節　仮説の設定　(69)
　第2節　仮説の検証　(73)
　第3節　パブリック・コメント手続の機能からみたPSE問題　(84)
　〈補　論〉「プレ接触」と法令適用事前確認手続の機能　(93)
第5章　パブリック・コメント手続における行政官僚制の行動 ………… 99
　第1節　仮説の設定　(102)
　第2節　仮説の検証　(120)
　〈補　論〉修正の性格分析　(128)
第6章　規制影響分析とパブリック・コメント手続 …………………… 135
　第1節　各府省における規制影響分析の実施状況　(138)
　第2節　規制影響分析の義務づけが行政官僚制に与える

xi

　　　　　間接的影響？　(142)
　　第3節　規制影響分析の義務づけが行政官僚制に与える
　　　　　直接的影響？　(147)

◆ 第Ⅲ部　パブリック・コメント手続の改革 ──────── 153

第7章　本書のまとめとパブリック・コメント手続の改革 ………………… 155
　第1節　パブリック・コメント手続の改革の現状と改革提言　(156)
　第2節　パブリック・コメント手続の改革構想：
　　　　　重点化, 能動化, 透明化　(159)

図表一覧 (171)／引用文献 (173)／事項索引 (巻末)

広範囲応答型の官僚制
―― パブリック・コメント手続の研究 ――

# 第Ⅰ部

パブリック・コメント手続の理論研究

◆第1章
パブリック・コメント手続の制定史と現状

第1節 パブリック・コメント手続の制定史
第2節 パブリック・コメント手続の現状

　意見公募手続（いわゆるパブリック・コメント手続）とは，内閣や各府省が政令・府省令など「命令等」を定めようとする場合に「当該命令等の案等をあらかじめ公示し，意見提出期間を定めて広く一般の意見を求め」（行政手続法39条）る手続である[1]。内閣や各府省など命令等制定機関は，意見提出期間内に命令等制定機関に提出された命令等の案についての意見を十分に考慮しなければならず，また，命令等制定機関は，意見公募手続を実施して命令等を定めた場合には，当該命令等の公布と同時期に，(1)命令等の題名，(2)命令等の案の公示日，(3)提出意見，(4)提出意見を考慮した結果及びその理由を公示しなければならない（同法42〜43条。参照，図表1-1）。意見公募手続の目的は，改正行政手続法を審議した際の国会答弁によれば，「政省令などの命令等を定める際に広く一般の意見や情報を求める手続等を定めることによって，行政運営のさらなる公正の確保と透明性の向上を図り，もって国民の権利利益の保護に資すること」（2005(平17)年6月7日衆院・総務委員会における麻生・総務大臣(当時)答弁）とされている。
　本章では，日本の中央政府レヴェルにおいてパブリック・コメント手続

---

[1] 本書では，地方公共団体におけるパブリック・コメント手続について考察しない。地方公共団体におけるパブリック・コメント手続については，行政手続法に「地方公共団体は……命令等を定める行為に関する手続について，この法律の規定の趣旨にのっとり，行政運営における公正の確保と透明性の向上を図るため必要な措置を講ずるよう努めなければならない」（同46条）とする条項が存在する。2009(平21)年10月1日現在，都道府県及び市区町村において43.9％の団体がパブリック・コメント手続を制定している。http://www.soumu.go.jp/main_content/000058385.pdf（なお，最終閲覧日は，2010(平22)年3月31日である。以下，同じ）

3

第Ⅰ部　パブリック・コメント手続の理論研究

(当時の名称は「意見公募手続」ではなく「意見提出手続」)が導入された経緯を振り返ると同時に，省庁再編時から今日に至るまでの約10年に及ぶ同手続の施行状況を概観する。かかる作業を通じて，日本のパブリック・コメント手続の施行については一定の傾向が見出されること，詳述すれば，(1)パブリック・コメント手続の実施件数は当初は少なかったが，その後(特に行政手続法改正以降は)増加したこと，(2)パブリック・コメント手続を通じて提

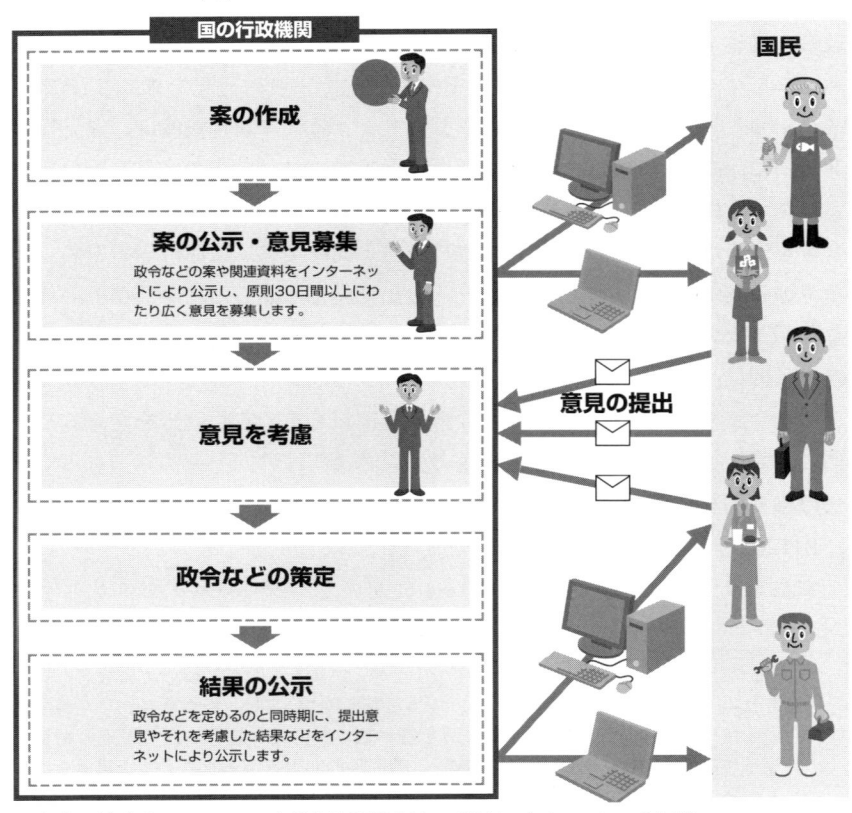

図表1-1：パブリック・コメント手続の概要

出典：総務省ホームページ「意見公募手続の手引き（パンフレット）」[2]

2　http://www.soumu.go.jp/menu_news/pdf/pamphlet/ikenkoubotetuduki.pdf

出される意見数が少ないこと，及び，(3)提出された意見に基づいて各府省が政省令等を修正する割合が低いこと，を記述したい。

第1節　パブリック・コメント手続の制定史

(1) 旧意見提出手続における制度選択1：デモクラシーか権利保護か？——

日本の政省令等についてのパブリック・コメント手続の実施が各省庁に義務づけられたのは，「規制の設定又は改廃に係る意見提出手続」(1999(平11)年3月23日閣議決定，意見公募手続の法制化により2006(平18)年4月1日廃止)[3]に遡る。以下に示すのは同閣議決定の一部抜粋である。

　規制の設定又は改廃に伴い政令・省令等を策定する過程において，国民等の多様な意見・情報・専門的知識を行政機関が把握するとともに，その過程の公正の確保と透明性の向上を図ることが必要である。このような観点から，規制の設定又は改廃に当たり，意思決定過程において広く国民等に対し案等を公表し，それに対して提出された意見・情報を考慮して意思決定を行う意見提出手続（いわゆるパブリック・コメント手続）を，以下のとおり定める。

1　対　象
　広く一般に適用される国の行政機関等の意思表示で，規制の設定又は改廃に係るものは，本手続を経て策定する。（以下，略）
2　意見提出の手続
　(1)公表主体・公表時期
　本手続を経て策定する意思表示を行う行政機関は，最終的な意思決定を行う前に，その案等を公表する。また，内閣の意思表示である政令については，その事務を所掌する行政機関が案等を公表する。
　(2)公表資料
　行政機関は，一般の理解に資するため，案等の本体に加えて，可能な限り次

3　http://www.soumu.go.jp/gyoukan/kanri/pdf,　word/iken/kakugi_kettei.pdf

に掲げた資料を公表する。①当該案等を作成した趣旨・目的・背景，②当該案等に関連する資料（根拠法令，当該規制の設定又は改廃によって生じると思われる影響の程度・範囲等），③当該案等の位置付け

(3)公表方法

行政機関は，次のような公表方法を活用し，積極的に周知を図る。①ホームページへの掲載，②窓口での配付，③新聞・雑誌等による広報，④広報誌掲載，⑤官報掲載，⑥報道発表

（途中略）また，専門家，利害関係人には，必要に応じ，適宜周知に努める。

(4)意見・情報の募集期間

意見・情報の募集期間については，意見・情報の提出に必要と判断される時間等を勘案し，1か月程度を一つの目安として，案等の公表時に明示する。

(5)略

(6)意見・情報の処理

案等を公表した行政機関は，提出された意見・情報を考慮して意思決定を行うとともに，これに対する当該行政機関の考え方を取りまとめ，提出された意見・情報と併せて公表する。

旧意見提出手続を所管していた旧総務庁において，この閣議決定の内容を構想するにあたり主として参照されたのはアメリカ連邦行政手続法(Administrative Procedure Act，以下，「APA」と略する）の規則制定手続である（小早川ほか 1999：75；常岡 2006：33）。APA の制定当時の有権解釈によると，規則制定過程に参加する機会を市民に保障した目的は①情報収集と②私人の利益保護であったという（常岡 2006：159）。前者は，行政機関が作成した規則案等について行政外部から意見を求め，当該規則を過誤・粗漏のないよりよき内容に仕上げるというものであり，後者は当該規則制定に利害関係を有する者に事前に情報を提供し意見を提出させることによって，行政立法による必要以上の規制を抑制させたり，あるいは利害関係者の権利・利益に配慮した行政立法を目指したりすることを指す。

したがって，APA を参照しながらパブリック・コメント手続の導入を構

想する場合，大別して(a)デモクラシーの充実の視点からあるいは合理的なルールメイキングという社会工学的発想から②よりも①を重視して幅広い主体から多様な意見を収集する仕組みを構築する，(b)影響を被る私人の権利・利益を保障する観点から①よりも②を重視した仕組みを構築する，という2つの選択肢が存在していたことになる（藤原2001：91）。

参加の目的に照らしたパブリック・コメント手続の制度設計は，パブリック・コメント手続を通じて誰が意見を提出できるかという参加主体に関する論点として具体化される。(a)であれば，意見提出権者を限定する理由が乏しいのに対して，(b)の立場からは意見提出権者を当該行政立法に関する利害関係者に限定しても特に問題はない。例えば，APAでは，規則制定過程に参加する主体を文言上は「利害関係者」に限定している。

(2) 旧意見提出手続における制度選択2：規制か行政立法一般か？

他方で，パブリック・コメント手続の制度設計にあたっては，パブリック・コメント手続を義務づける対象を行政のいかなる行為形式にまで及ぼすかという論点も重要である。制度設計の可能性としては，政省令に代表される行政立法（命令）に加え，政府が策定する各種計画等をパブリック・コメント手続の対象範囲に追加することも考えられるところである。しかし，既に述べたように，日本のパブリック・コメント手続を制度設計する際に主に参照されたのは，APAの規則制定手続であった。また，パブリック・コメント手続を計画等の他の行為形式にまで及ぼすとなると，行政手続法に当該行為形式に関する一般的定めを置かねばならず，制度設計に際しては相当の困難が予想される。したがって，国政レヴェルのパブリック・コメント手続ではその対象をさしあたり行政立法とすることになった。

そのため，パブリック・コメント手続の対象に関する論点は，原則として行政立法一般とするか，それとも行政立法のうち一部を括り出して限定するかという2つの選択肢のうちいずれを選択するかということになる。可能性の一つとして考えられるのは，行政立法のうち，しばしば社会的に問題とされてきた「（公的）規制」に相当するものだけを取り出してパブリック・コ

メント手続の対象とするというものである。

　旧閣議決定当時は、「（公的）規制」の概念について政府から明確な定義が示されなかった。明確な定義を代用するものとしてしばしば参照されてきたのは、「公的規制は、一般に、国や地方公共団体が企業・国民の活動に対して特定の政策目的の実現のために関与・介入するものを指す。それは許認可等の手段による規制を典型とし、その他にも許認可等に付随して、あるいはそれとは別個に行われる規制的な行政指導や価格支持等の制度的な関与などがある」という第二次行革審「公的規制の緩和等に関する答申」(1988(平10)年12月1日) の説明である。その後、旧総務庁行政監察局が公的規制の実態を把握してその指標化を行う研究会を立ち上げたが、あらゆる分野について規制の指標化を行うことは技術的・実務的に困難である等の理由でこの作業を断念している（戸塚1997）[4]。

(3) 規制改革の一環としての旧意見提出手続

　そこで、主体の広狭（一般市民かそれとも利害関係者か）と対象の広狭（規制かそれとも規制にとどまらない行政立法（命令）か）とを軸としてパブリック・コメント手続の類型に関するマトリックスを作成すると図表1-2になる。

図表1-2：参加主体と参加対象の広狭からみたパブリック・コメント手続の類型

		参加対象	
		規　制	規制を含む行政立法
参加主体	利害関係者	①（実例なし）	②（行政手続法研究会案）
	一般市民	③（旧閣議決定手続）	④（現行行政手続法[5]）

出典：筆者作成

4　なお、2007(平19)年に追加規定された政策評価法施行令3条5号（2007(平19)年3月30日閣議決定）では、「規制」とは「国民の権利を制限し、又はこれに義務を課する作用」と定義されている。

5　但し、後述するように、行政手続法では、行政立法全般ではなく国民の権利又は義務に直接関わる「命令等」（同法39条）をパブリック・コメント手続の対象としている。

なるほど，パブリック・コメント手続について理論上は4つの類型が存在しうる。ただ，パブリック・コメント手続の参加主体の広狭とその対象の広狭とは一定程度の対応関係が存在することも事実である。例えば，パブリック・コメント手続の参加主体を利害関係者に限定するのであれば，パブリック・コメント手続の対象を（通常，利害関係者の存在が想定される）規制に限定することも制度設計の一つのあり方として首肯できる。逆に，パブリック・コメント手続の参加主体を利害関係者に限定しないとすれば，パブリック・コメント手続の対象を（通常，利害関係者の存在が想定される）「規制」に限定することは無意味であるということになりそうである。すなわち，パブリック・コメント手続の参加主体とその対象との間に一定程度の対応関係が認められるのは，4つの類型のうち①と④ということになる。ところが，興味深いことに，日本におけるパブリック・コメント手続の制度設計において当初案出されたのは，②と③という選択肢であった。

　②に相当するのは，旧意見提出手続の閣議決定にあたっても参照された第1次行政手続法研究会「行政手続法要綱案　三　命令制定手続規定」（行政手続法研究会 1984：42）である。同研究会の案では，意見書の提出を通じた参加の主体を利害関係者に限定しつつも対象については「命令」（政令，総理府令，省令並びに委員会及び庁の規則又は命令）と広く捉えていた。同研究会では，APAを意識して参加の制度設計が行われたため，その対象を「命令」より拡大することも，逆に「命令」のうちの一部（適用除外されるものを除く）に限定することも，研究会委員の念頭になかったと推測される。また，第1次行政手続法研究会においては，当時既にAPAにおける「利害関係人」の範囲がアメリカの行政実務上広く捉えられていることが明らかであったにもかかわらず，意見を提出できる範囲を限定した方がよいという意見も示されたという。当時は，空港や環境や消費者問題を扱う運動が政治的になり，真に利害を有する周辺住民等のための合理的な判断を阻害するのではないかという問題意識があったという（白岩 2005a: 31）。

　次に，③に属するのは，先に紹介した閣議決定による旧意見提出手続（1999(平11)年）である。しばしば指摘されるように，旧意見提出手続に関

する閣議決定は，2つの異なる改革が合流することによって取りまとめられた。その一つの潮流は，行政改革会議「最終報告」（1997(平9)年12月）から中央省庁等改革基本法（1998(平10)年）に至るものである。行政改革会議「最終報告」では，「Ⅲ　新たな中央省庁の在り方　6　審議会等」という項目において，「各省が基本的な政策の立案等を行うに当たって，政策等の趣旨，原案等を公表し，専門家，利害関係人その他広く国民から意見を求め，これを考慮しながら最終的な意思決定を行う，いわゆるパブリック・コメント制度の導入を図るべきである」という提言がなされた。これが中央省庁等改革基本法50条2項（「政府は，政策形成に民意を反映し，並びにその過程の公正性及び透明性を確保するため，重要な政策の立案に当たり，その趣旨，内容その他必要な事項を公表し，専門家，利害関係人その他広く国民の意見を求め，これを考慮してその決定を行う仕組みの活用及び整備を図るものとする」）につながった。ここに，パブリック・コメント手続整備に関する規定が日本の法令にはじめて錨着されたのである。

　しかし，この潮流以上にパブリック・コメント手続の制度化の推進力となったのが規制（緩和）改革である。1998(平10)年3月末日に政府は「規制緩和推進3ヶ年計画」を閣議決定し，そのなかで「規制の制定，改廃に当たり，広く一般国民・事業者の意見・情報を収集し，また，行政の説明責任を重視していくようにするため，総務庁において各省庁の協力を得て規制の制定，改廃に係る現行の諸手続についての調査を含めパブリック・コメント手続のあり方の検討に速やかに着手し，当面，行政上の措置としての同手続について次期改訂時〔1999(平11)年3月末。なお，括弧内筆者〕までに結論を得る」という意思表明をしたのである。これを受けて，旧総務庁は事例調査を実施し，その結果をもとに旧意見提出手続の原案（「意見照会手続」案）を作成した。この原案が，試行的な意見提出手続にかけられた後に「意見提出手続」と名称変更を経て閣議決定されるに至ったのである。

　このように，日本の国政レヴェルにおける旧意見提出手続は，単に，重要な政策に国民各層の意見を反映させる手段として位置づけられたのではなく，規制改革を推進する一手法としての色彩をも帯びることとなった。

つまり，そこには我が国のパブリック・コメント手続における「規制」バイアスを見て取ることができる。ただ，「規制」によって影響を被る「利害関係者」を誰がどのように認定するのかという問題もあり（小早川ほか1999：79），参加主体を限定することには困難が予想された。そのため，旧意見提出手続では，対象を「規制」に限定しつつも参加主体を幅広に設定するという選択がなされた[6]。

(4) 行政手続法改正と意見公募手続

最後に，パブリック・コメント手続が法制化されるに至った2005(平17)年の改正行政手続法では，どのような制度選択がなされたのかについて触れておきたい。

行政立法手続及びパブリック・コメント手続の法制化に関する行政手続法の改正は，閣議決定された旧意見提出手続の運用実績を踏まえ，総合規制改革会議において検討が進められていた[7]。そこでの審議結果は，閣議決定「規制改革・民間開放推進3カ年計画」(2004(平16)年3月19日)に結実し，「総務省は，行政手続法施行後10年間の運用状況を踏まえ，速やかに行政立法手続等を含めた行政手続法の見直しを行う。なお，その際，規制の設定又は改廃に係るパブリック・コメント手続の法制化についても検討を行う」[8]ことが求められた。これを受けて総務省は，省内に行政手続法検討会を設置し，行政立法手続の制度化等に関する行政手続法の改正方針について検討を行った。そして，同検討会の「報告」(2004(平16)年12月17日)[9]を踏まえた行政手続法改正案が国会に提出され，2005(平17)年6月29日に可決され

---

6 なお，白岩 (2005a：11) は，旧意見提出手続の対象を「規制」に限定したことによって理論的な問題の解決が容易になり，この限定が旧意見提出手続の制度化の推進力になったことを指摘している。白岩曰く，「『規制』は，国民に負担を課す行為である。負担を課す以上は，予め課す相手の意見を聞くべきであるという説明は，理解されやすいように思われる」。

7 総合規制改革会議「規制改革の推進に関する第3次答申」(2003(平15)年12月22日)，http://www8.cao.go.jp/kisei/siryo/031222/index.html

8 http://www8.cao.go.jp/kisei/siryo/040319/index.html

9 http://www.soumu.go.jp/singi/kanri_1.html

たのである（2006(平18)年4月1日施行）。

　改正行政手続法では，「命令等」（2条1項）に関する規定を追加し，加えて，「命令等」を定めるにあたっての手続として「意見公募手続等」を新たに設けることにより，パブリック・コメント手続を法制化した。これと同時にその手続を義務づける範囲を「規制」に限定せず国民の権利又は義務に直接関わる「命令等」へと拡大した[10]。今回の法改正に関して興味深いのは，パブリック・コメント手続の対象範囲が拡大されたにもかかわらず，改正のきっかけとなったのは政府の規制改革であったという点である。たしかに，閣議決定「規制改革・民間開放推進3カ年計画」の文言からすれば，行政立法手続の法制化が第1の目標であり行政手続法検討会への主要諮問事項であったのに対し，パブリック・コメント手続の法制化についてはいわゆる「なお書き」にとどまっている。しかし，行政手続法検討会の多くの委員にとっては，行政立法一般に通ずる手続を行政手続法上に盛り込みながら，これと密接に関係するパブリック・コメント手続の対象範囲だけを「規制」に限定することには理由がないと映ったのであろう。その結果，パブリック・コメント手続の対象は「規制」に限定しないことが当然の前提となった。

　ここに至って初めて日本のパブリック・コメント手続は，制度の目的及び参加主体と参加対象との対応関係が比較的明瞭な④に至った。にもかかわらず，④に至る前段階として③を経由したことは，パブリック・コメント手続の制度運用において規制改革の一環としての性格を残存させている。

第2節　パブリック・コメント手続の現状

　本節では，省庁再編後の2001(平13)年度から2008(平20)年度までの8年間におけるパブリック・コメント手続の実施状況を概観し，(1)制度発足時はパブリック・コメント手続の実施件数が少なかったこと，(2)パブリック・コメント手続を通じて提出される意見が少ないこと，(3)提出された意見に基づ

10　この点については，行政手続法検討会「報告」のⅠ2ウ（イ）「意見提出手続を義務づける範囲」を参照。

いて案を修正する割合が低いこと，の3点を記述する。

この作業を行うにあたり依拠したデータは，旧総務庁行政管理局及び総務省行政管理局が毎年公表してきた「『規制の設定又は改廃に係る意見提出手続』の実施状況」及び「意見公募手続等の施行状況についての調査」（以下，「状況調査」と略）である。

2009（平21）年現在の「状況調査」は，主として(1)実施件数（①パブリック・コメント手続の実施件数，②パブリック・コメント手続に準じた手続の実施件数），(2)意見公募の状況（①意見提出期間，②意見公募の公示方法，③命令等の案の添付状況等），(3)意見の提出状況（①意見の提出方法，②提出された意見数），(4)提出意見の考慮状況（①意見考慮期間，②提出意見の反映状況），(5)結果の公示状況（①命令等の公布・決定等から結果の公示までの期間，②結果の公示方法，③提出意見の公示状況），の5項目に大別される。このうち，以下では各年度の実施件数に加え，旧閣議決定時代から「実務上の問題」（常岡 2006：39；同様の指摘として，藤原 2001：106）と指摘されてきた(3)②提出された意見数及び(4)②提出意見の反映状況について詳しく記述したい。

(1) パブリック・コメント手続の実施件数

まず，旧意見提出手続及び現行意見公募手続の実施状況について概観する。図表1-3は，省庁再編直後の2001（平13）年度から2008（平20）年度までの旧意見提出手続及び現行意見公募手続の実施件数である（但し，閣議決定対象外案件及び任意の意見募集を除く。以下，同じ）。図表1-3から分かるように，パブリック・コメント手続は2001（平13）年度から2004（平16）年度までは緩やかに上昇していた。全ての政省令の新設・改廃のうち何割程度がパブリック・コメント手続に付されていたかについては，総務省は網羅的な調査を行っていない。しかし，ある調査によれば，2000（平12）年度に建設・運輸・国土の3官庁（現国交省）が新規制定あるいは改廃した政省令のうち15％弱のそれにおいてパブリック・コメント手続が実施されたに過ぎなかったという（寺澤 2002：99）。

その後，パブリック・コメント手続の実施件数は，2005（平17）年度から急

速に増加した。実施件数増加の一因は，旧意見提出手続から現行意見公募手続に移行する際に，各府省に実施を義務づける対象範囲が「規制」から「命令等」に拡大されたことと関係していると思われる。このことは，パブリック・コメント手続を所管する総務省行政管理局によっても当初からある程度予想されていたことである。例えば，同局の「協力」を得て作成された改正行政手続法の解説書においては，「今回の法制化による実施件数を推計することは，①対象範囲が異なること，②実際の実施の場合には政令と省令，省令と審査基準といったように案件をまとめて行うことが想定されること，③災害の発生に伴い政省令を策定するなど，毎年の社会状況の変化によって作成される政省令の数が異なること，などから困難ですが，今回の法制化による対象範囲が規制の分野に限られないことから，ある程度増加するものと考えています」（行政管理研究センター 2005：20）と記述されている。結果的には，2008(平20)年度の実施件数は2001(平13)年度の2倍強（354→930）に増加している。

　また，全体としての実施件数増加と関係するのが府省別の実施件数の推移である。図表1-4から分かるように，省庁再編直後の2001(平13)年度と2008(平20)年度とを比べると，全ての省庁の実施件数が増加している。ただ，増加割合に関しては省庁間で大きな違いがある。最も増加しているのは厚労省である。同省の実施件数は，2001(平13)年度の45件から2008(平20)年度は236件と約5倍の増加となっている。反対に，例えば警察庁・法務省・財務省は，2001(平13)年度に比べて2008(平20)年度の実施件数は増加したものの，その伸び率は厚労省ほど高くはない。実施件数（の増加割合）について差異が生じるのは，一般的には「多種多様な規制を所管するか否かの差，所管行政分野についての科学技術の進歩が早いか否かの差等，言ってみれば所管行政の性格によるところが大きい」（白岩2005a：14）と考えられる。

　政省令等が制定されるのは，大別して(1)新規法律の制定や既存法律の改正に伴う政省令等の新規制定と(2)法律レヴェルの改廃を伴わない政省令等の追加的制定あるいは改廃である。(2)の典型は農水省による毎年の実施件数の大

第1章　パブリック・コメント手続の制定史と現状

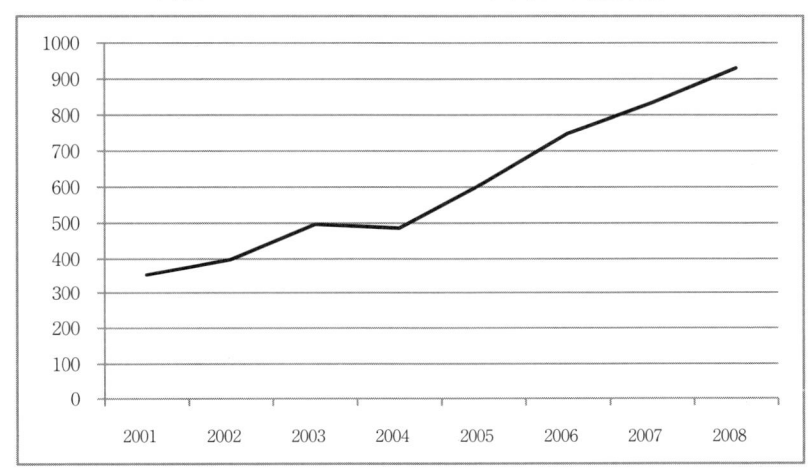

図表1-3：パブリック・コメント手続の実施件数

出典：総務省ホームページに基づき筆者作成

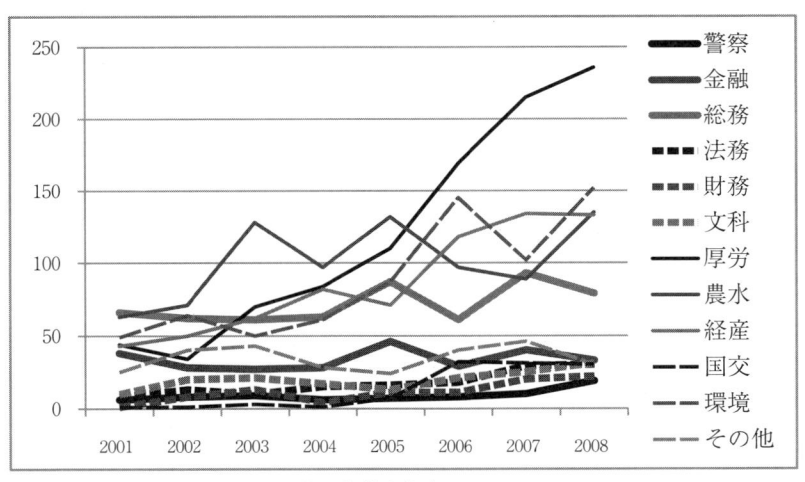

図表1-4：府省ごとのパブリック・コメント手続の実施件数

出典：総務省ホームページに基づき筆者作成

半を占めている食品ごとの品質表示基準の制定や，環境省が実施する国立公園・国定公園の公園計画の変更である。(1)では法律−政令−省令等が概ね一対一対応で増加するが，(2)はそうではない。毎年の法律の制定数に大きな変化がないにもかかわらずパブリック・コメント手続の実施件数が毎年増加する要因は，(2)によるところが大きいと思われる（参照，図表1−5）。

図表1−5：制定法律数の推移

年	2001			2002			2003			2004		
国会回次	151	152	153	154	155	156	157	158	159	160	161
制定法律数	158			192			147			167		
年	2005		2006		2007		2008					
国会回次	162	163	164	165	166	167	168	169	170
制定法律数	124		123		136		98		

出典：衆議院ホームページより筆者作成

(2) パブリック・コメント手続を通じて提出された意見数

次に，パブリック・コメント手続を通じて企業・団体等や市民から1件あたりどの程度の意見が提出されたかをみてみよう。提出された意見の多寡は，パブリック・コメント手続が機能しているか否かを判断する上で重要な要素の1つである。

さて，図表1−6は，省庁再編直後の2001(平13)年度から2008(平20)年度にかけてパブリック・コメント手続を通じて提出された意見数の割合（「状況調査」の分類に準じて，0件，1〜10件，11〜20件，21〜50件，51〜100件，及び101件以上の6区分で表記）を100分率で示したものである。一見して分かるように，意見提出0件と意見提出1〜10件をあわせると全体の80％程度を占めており，しかも意見提出対象が異なる旧意見提出手続と意見公募手続との間には大きな違いがない（改正行政手続法施行後は，0〜10件の案件がむしろ増加している）。ここからは，パブリック・コメント手続を通じて提出される意見は一貫して少ないことが分かる。総務省も，2009(平21)年4月段階で，「利用があまり進んでいない」として「改善策を検討す

る」[11] としている。

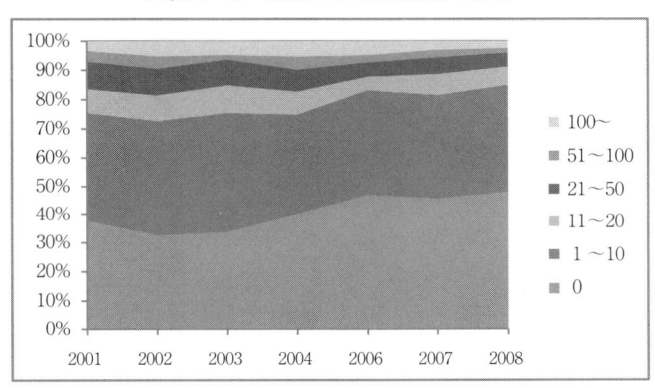

図表1-6：提出された意見数の推移

出典：総務省ホームページに基づき筆者作成。なお，2005（平17）年度はデータが不存在のため，図表中に掲載していない。

(3) 原案修正率

さらに，パブリック・コメント手続における提出意見の反映状況，すなわち提出された意見に基づきどの程度の割合で規制あるいは命令等の原案が修正されたのかについてみてみよう。提出意見の反映状況は，(2)で述べた提出意見数と並び，パブリック・コメント手続が機能しているか否かを判断する上で重要なもう一つの要素である。

さて，図表1-7は，省庁再編後の2001（平13）年度から2008（平20）年度にかけてパブリック・コメント手続を通じて提出された意見に基づいて規制あるいは命令等の原案がどの程度修正されたかを示している。なお，修正率の算出にあたっては，全実施件数から意見提出なしの件数をさし引いたものを分母とし，原案修正の件数を分子としている[12]。図表1-7からは，原案修正率が20～30％程度であること，したがって(2)で述べた提出意見数と同様に，原案修正率が改正行政手続法の施行による対象範囲拡大とは無関係に推

11　日本経済新聞2009（平21）年4月19日朝刊2面。

第Ⅰ部 パブリック・コメント手続の理論研究

移していることが分かる。

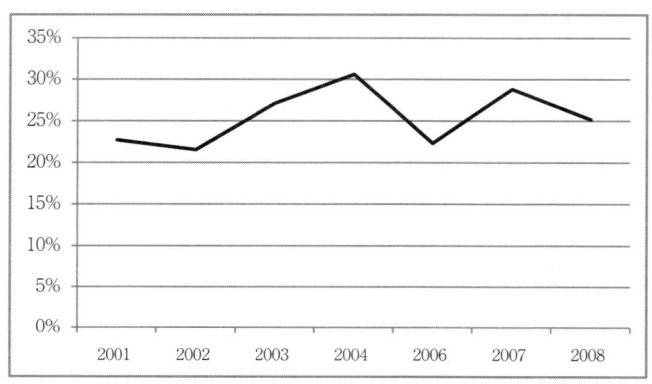

図表1-7：原案修正率の推移

出典：総務省ホームページに基づき筆者作成。なお，2005（平17）
年度はデータが不存在のため，図表中に掲載していない。

　次に，20〜30％の修正率をどのように評価するかであるが，国のパブリック・コメント手続の創設や運用に関与した実務家はこの点に関して積極的に言及していない。他方で，地方自治体においてパブリック・コメント手続の創設や運用に関与した実務家からは，地方自治体におけるパブリック・コメント手続の運用状況と比較して，国のパブリック・コメント手続における修正率は低いと評価されることが多い。例えば，地方自治体での勤務経験を持つ出石　稔は，国の旧意見提出手続における原案修正率（2002（平14）年度）を，滋賀県や横須賀市におけるパブリック・コメント手続のそれと比較した上で以下のように述べている。「国は国で言い分が当然あるし，国の職員が書かれている論文にもいろいろと書かれていますが，国のパブリック・コメントは，手続の適正化に重きを置いているといいましょうか，もっと言

12　「状況調査」では，提出意見の反映状況を記述する際に，意見が提出されなかった件数を含む全実施件数を分母とした修正率を示している。しかし，意見が提出されていない以上原案が修正されるはずがない。そのため，本書では分母を全実施件数とするのではなく，1件以上の意見提出があった案件を分母として修正率を算出している。

えば、語弊があるかもしれませんけれども、形式的な手続ではないのかというふうに思わざるをえないですね。真剣に耳を傾けているとすれば、確かに取り入れられる意見ばかりではないのはもちろんですが、修正数がかなり少ない。一方で自治体側は、パブリック・コメント……手続の透明・公正化が課題だと言いましたけれども、しかし充分に市民の意見を踏まえて政策を決めようとしている」(出石 2004：111)。なるほど、出石も認めるように、国のパブリック・コメント手続のうち閣議決定案件と地方自治体におけるパブリック・コメント手続の対象案件とを比べると、後者のほうが様々な行政の行為形式（例えば、各種の行政計画）を含んでいる。そのため、両者の単純な比較はできない。しかし、数字の大小だけ取り出してみれば、国のパブリック・コメント手続における原案修正率は地方自治体のそれに比べて低く映る[13]。

(4) 意見提出率・原案修正率の省庁間差異

ただ、ここで注意しなければならないのは、パブリック・コメント手続を通じて意見が提出される割合（意見提出率）及び原案修正率に関し省庁間には看過し得ない差異が明らかに存在することである。

なるほど、パブリック・コメント手続を通じてどの程度意見が提出されるかについては、利益団体の多寡やその凝集性の程度など省庁外の環境要因が一定程度作用していると推察される。しかし、第4章にて詳述するように、各省庁は自らを取り巻く政治的・社会的アクターに対する働きかけを積極的に行うことで、自らに提出される意見の多寡に一定程度影響を与えうる立場にある。そのため、意見提出率はもっぱら省庁外の環境要因の問題ではなく、省庁の活動と一定程度関係しているのである。そこで、意見提出率及び原案提出率の省庁間差異がどの程度存在するかを確認しよう。

意見提出率及び原案修正率の省庁間差異については、可能であれば、現行

---

[13] 藤原真史は、原案修正に係る実態からすれば、地方自治体におけるパブリック・コメント手続は、「国の行政機関等によるかつての閣議決定対象外案件、現在の任意の意見募集案件に近い傾向を示しているといえよう」(藤原 2009：102) と述べている。

の省庁体制が登場した2001(平13)年度に実施された旧意見提出手続から改正行政手続法施行の後に実施された意見公募手続まで含めて網羅的に分析するのが望ましい。しかし，総務省行政管理局長「行政手続法第6章に定める意見公募手続等の運用について」（総管139号，2006(平18)年3月20日）[14]によれば，「e-Govへの掲載期間は，当該案件の結果の公示が含まれる，法の施行状況の調査結果が発表された翌年度末までを当面の目処とする」とされている。そのため，「電子政府の総合窓口（e-Gov）」[15]のポータル・サイトでは，パブリック・コメント手続実施年度を含めて3ヶ年度が経過すると各省庁が実施したパブリック・コメント手続の一部が検索不可能となる[16]。

ただ，幸い，旧意見提出手続が閣議決定された1999(平11)年度から2004(平16)年度の6年間は，旧総務庁・現総務省行政管理局によって上記の「状況調査」に加え，「『規制の設定又は改廃に係る意見提出手続』の実施状況について」という資料（白表紙）が発行されており，網羅的なデータ・セットが作成可能である[17]。また，同資料では，後述する特別周知の実施の有無や特別周知された意見提出主体から意見がどの程度提出されたのかについての情報も得ることができる（これらの情報は，残念ながら上記ポータル・サイトでは掲載されていない）。しかも，既にみたように，意見提出数や原案修正率は，旧意見提出手続の段階と現行の意見公募手続の段階とでは大きな差異が見られない。そのため，本書において分析を行う場合には，原則として省庁再編直後の2001(平13)年度から4ヶ年分のデータ・セットに基づくことにする。

さて，**図表1-8**は，2001(平13)年度から2004(平16)年度の4年間に各省庁（但し，4年間の総実施件数が10件に満たない内閣府，公正取引委員会，旧防

---

14 http://www.soumu.go.jp/gyoukan/kanri/tetsuzukihou/pdf/ikenkoubo_unyou.pdf
15 http://www.e-gov.go.jp/
16 国交省など一部の府省では，「電子政府の総合窓口」（e-Gov）とは別個に，自府省のサイトにてパブリック・コメント手続の実施結果を掲載している。
17 当該資料の閲覧にあたっては（財）政府資料等普及調査会（http://www.gioss.or.jp/）に大変お世話になった。ここに記して深甚の謝意を表したい。

衛庁を除く）が実施した全てのパブリック・コメント手続について，(1)各省庁が実施した全案件のうち1件でも意見が寄せられた案件の割合，及び，(2)1件でも意見が寄せられた案件のうち原案に修正が施された割合，を示している。また，**図表1-9**はこの2変数を用いてクラスター分析を行った結果を示している。

図表1-8：意見提出率・原案修正率の省庁間差異（%）

	警察	金融	総務	法務	財務	文科	厚労	農水	経産	国交	環境
意見提出率	86.6	68.6	66.8	83.0	72.0	76.8	74.8	46.1	63.5	60.5	76.6
原案修正率	7.7	54.2	19.9	29.0	33.3	34.0	23.0	14.5	38.8	14.5	25.5

出典：筆者作成

図表1-8から分かるように，意見提出率は農水省（46.1 %）を別にすれば省庁間でさほど大きな違いはない。しかし，原案修正率は，警察庁（7.7 %）及び農水省・国交省（14.5 %）から金融庁（54.2 %）まで大きな開きがある。図1-8に掲げた2変数を用いたクラスター分析によれば，各省庁は意見提出率及び原案修正率に関して概ね4つのグループに分けることができる（**図表1-9**）。

(a) 意見提出率：低，原案修正率：低…総務省[18]，農水省，国交省
(b) 意見提出率：高，原案修正率：低…警察庁
(c) 意見提出率：低，原案修正率：高…金融庁，経産省

---

18 ここでいう「総務省」とは，行政手続法の主管部局（行政管理局）としての総務省というよりは，むしろ情報通信政策局と総合通信基盤局という（郵政行政部門を除く）旧郵政省（現行の局編成でいえば，情報通信国際戦略局，情報流通行政局，総合通信基盤局の3局）というのが実態である。旧自治省及び旧総務庁の各部局であった自治行政局，自治財政局，自治税務局，行政管理局，行政評価局，人事・恩給局，統計局の各局は，旧閣議決定時代においてはパブリック・コメント手続をほとんど実施していない。情報通信政策局と総合通信基盤局以外で，数は少ないがパブリック・コメント手続を毎年度実施しているのは消防庁である。

第Ⅰ部 パブリック・コメント手続の理論研究

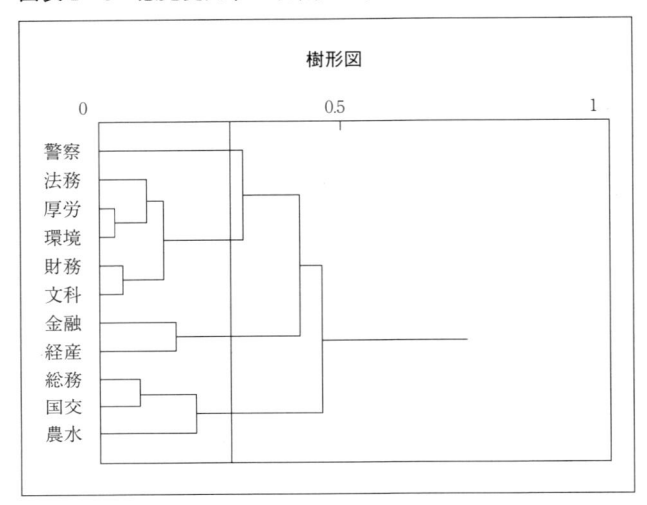

図表 1-9：意見提出率・原案修正率についてのクラスター分析

樹形図

出典：筆者作成

(d) 意見提出率：高，原案修正率：中～高…法務省，財務省，文科省，厚労省，環境省

　パブリック・コメント手続を通じて意見が提出される割合が省庁間でなぜ異なるのか，また，提出された意見に基づいて修正される割合が省庁間でなぜ異なるのか。
　前者については，パブリック・コメント手続の立案担当者の一人は「難解な案等の提示，手続自体の不知など」（白岩 2005b：62）を指摘している。たしかに，内閣府が実施した 2007（平 19）年度「国民生活選好度調査」[19] では，パブリック・コメント手続の制度を知っているか，また，意見投稿をしたことがあるか尋ねたところ，「知らない」と回答した人の割合が 87.7％であった。他方で「知っていて，意見投稿をしたことがある」と回答した人の割合

19　http://www5.cao.go.jp/seikatsu/senkoudo/h19/19senkou_04.pdf

第1章 パブリック・コメント手続の制定史と現状

図表1-10：パブリック・コメント手続の認知度と利用度 （％）

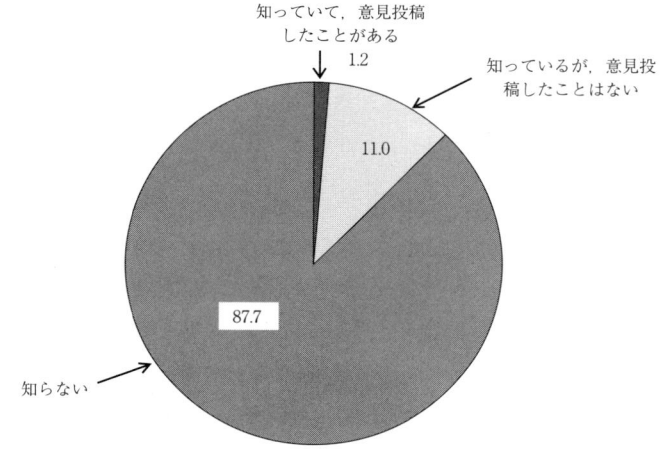

- 知っていて，意見投稿したことがある：1.2
- 知っているが，意見投稿したことはない：11.0
- 知らない：87.7

出典：国民生活審議会ホームページ

図表1-11：パブリック・コメント手続を知りながら利用しない理由

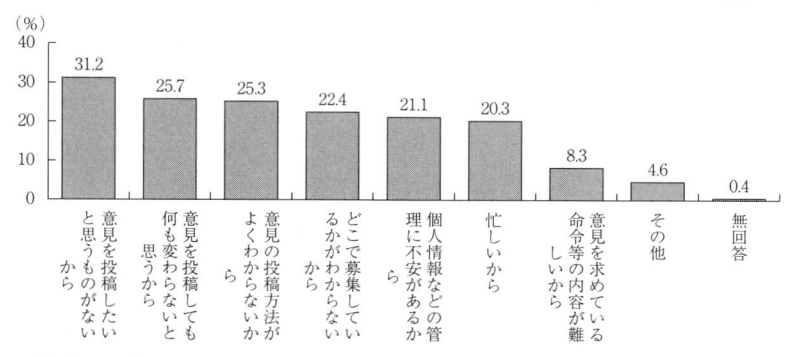

理由	％
意見を投稿したいと思うものがないから	31.2
意見を投稿しても何も変わらないと思うから	25.7
意見の投稿方法がよくわからないから	25.3
どこで募集しているかがわからないから	22.4
個人情報などの管理に不安があるから	21.1
忙しいから	20.3
意見を求めている命令等の内容が難しいから	8.3
その他	4.6
無回答	0.4

（備考） 1.「問54 あなたは，過去1年間に何らかの商品の購入を検討した際に，その商品が環境に配慮した商品であるかどうかを確認したことがありますか。（○は1つ）」との問に対して，「1 確認したことがある」と回答した人に対する問。
2. 回答者は，全国の15歳以上80歳未満の男女1,758人。

出典：同上

は1.2％であった（**図表1-10**。なお，回答者は全国の15歳以上80歳未満の男女4164人）。また，パブリック・コメント手続を知っていても利用しない理由をあわせてたずねたところ，「意見を投稿したいと思うものがないから」

という利害関心のなさを示した回答が31.2％，「意見を投稿しても何も変わらないと思うから」というパブリック・コメント手続への諦念を表明した回答が25.7％，という回答と並んで「意見の投稿方法がよくわからないから」という制度不知を挙げた回答が25.3％であった（図表1-11）。しかし，これは，パブリック・コメント手続の認知度あるいは利用度についての国民全体の傾向を示すにとどまり，意見提出率に関する省庁間差異を説明するものではない。

また，後者について，先に引用した改正行政手続法の立案担当者は「命令等制定機関は，案を修正するか否か自らの見識にしたがって合理的に判断することが求められる」（白岩2005b：63）と述べている。しかし，本書の立場からすれば，仮に各省庁が「合理的に判断」したり「十分に考慮」（行政手続法42条）したりしているとしても，その合理性や適切性の判断を規定している組織内要因こそを分析すべきであろう。

(5) パブリック・コメント手続実施における過誤

(1)〜(4)までで述べてきたパブリック・コメント手続の実施状況と並んで本書が着目するのが，当該手続における幾つかの過誤行政である。

最初に挙げるのは，パブリック・コメント手続の結果の公示を遅滞していたという事例である。旧閣議決定では，既に引用したように，提出された意見に対する行政機関の考え方の「公表は，原則として，意思表示の時点」，すなわち政省令の場合には公布時点までに行うこととされていた。改正行政手続法でも，「命令等制定機関は，意見公募手続を実施して命令等を定めた場合には，当該命令等の公布……と同時期に」提出意見等を考慮した結果等を「公示しなければならない」（43条1項）と定められているところである。ここでいう「同時期」とは，政府参考人の国会答弁によれば「これは特段定量的な，何日以内とか，そういうような基準というものが考えられるものではないかと思っていて，一般的に，ほぼ，ほぼじゃなくて，全く公布の時期と，せいぜい，事務的に若干の遅延がある場合とか若干先立つ場合とか，そういったものは許容されるということだと思いますが，基本的に同時とそん

なに違わない」という趣旨であるという[20]。

　しかし，旧閣議決定段階で既に公示時期につき遵守しない府省が存在していた。2004(平16)年度の調査では，行政機関の考え方等の公表について大幅(＝31日以上)の遅れがあるものが30件あったことが総務省により指摘されていた。行政手続法の改正に携わった実務家からは，「今回の調査において見られた大幅な公表（新法においては公示となります）の遅れは，新法においても認められるものではありません」（明渡2006a：24）と，問題が明確に指摘されていたところである。また，総務省行政評価局が実施した「行政手続法の施行及び運用に関する行政評価・監視結果に基づく勧告」(2004(平16)年12月14日)[21] においても，「意見・情報が提出されたにもかかわらず，意思表示の時点までに，その意見・情報が公表されていないものや意見・情報が未集計のまま手続が完了したとしているものなど処理が不適切となっているもの」が17件あったことが指摘された。特に，金融庁，文科省，農水省，経産省，国交省，環境省の6省庁には「パブリック・コメント手続について，その実施の徹底を図るとともに，実施した結果の公表を確実に行うこと」という勧告が出され，当該勧告を受けて「6府省すべてが関係部局に対し，意見公募手続の実施の徹底及び実施した結果の公表を確実に行うことを周知するなど，いずれも意見公募手続を改善」[22] したことになっていた（改善措置状況は2008(平20)年1月31日〜2月25日段階）。

　こうした対応にもかかわらず，厚労省など7府省は行政手続法の施行後においても，パブリック・コメント手続の結果の公示を怠っていた。朝日新聞[23] の集計によれば，2009(平21)年2月5日までの1ヶ月に公示された厚労省と社会保険庁の意見公募27件のうち，18件が省令などの制定から2ヶ月以上過ぎてからの結果の公示であったという。なかには政省令の公示から

20　2005(平17)年6月16日参院・総務委員会議事録。
21　http://warp.ndl.go.jp/info:ndljp/pid/283520/www.soumu.go.jp/hyouka/hyouka_kansi_n/ketsuka_nendo_16.html
22　http://www.soumu.go.jp/main_sosiki/hyouka/hyouka_kansi_n/pdf/gyouseitetudukihou_080225_1.pdf
23　朝日新聞2009(平21)年2月7日朝刊38面，同年2月17日朝刊33面。

2年以上経過したものもあったという。そこで，厚労省は，同年2月6日付けで大臣官房総務課長より省内向け文書「行政手続法に基づく意見公募手続（パブリックコメント）結果の公示等の徹底について」を発出し，「今般，公布から相当期間経過しているにもかかわらず，結果の公示を行っていない不適切な事案が見られたところである。こうしたことを踏まえ，貴職〔内部部局の長等〕におかれては，別添『行政手続法第6章に定める意見公募手続等の運用について』（平成18年3月20日総管第139号）に基づき，貴部局において，行政手続法に基づく意見公募手続等の事務処理に遺漏なきようその適正な運用の徹底を図られたい」としている。また，パブリック・コメント手続の所管部局である総務省行政管理局も，2009(平21)年2月13日付けで各府省意見公募手続等担当課室長宛に「いやしくも国民から意見公募手続きを軽視しているとの疑念を抱かれることのないように」という注意を喚起する文書を出している。

　もう一つの事例は，国家公務員が天下りを繰り返す「わたり」を原則禁止する政令案（「職員の退職管理に関する政令」）について，パブリック・コメント手続の所管官庁である総務省がパブリック・コメント手続の意見募集締切前に政令案の制定に必要となる省内決裁手続を進めていたという事例である。この点については，先に引用した総務省行政管理局長「行政手続法第6章に定める意見公募手続等の運用について」において，「意見提出期間終了直後に命令等の制定を行うなどにより提出意見を十分に考慮していることにつき一般からの無用の疑念が生じないよう，留意」すべしとしていたところである。しかし，この事案では，意見公募手続の終了日は2008(平20)年12月17日であるにもかかわらず，政令案の起案が12月10日，決裁の終了が12月16日と手順前後が発生している。麻生首相（当時）のみならず鳩山総務大臣（当時）も，意見公募手続が終了しているか否かについて十分に意識することなく決裁したのである。以下は，この問題に関する国会審議の一部である。

〇鳩山総務大臣　私の下手な字での花押があるペーパー，確かにこれは決裁終了

年月日が12月16日となっているんですね,私のこの総務省で決裁したものが。パブコメが17日なんですね。ただ,これはうちの方には来なかったんですかね,コメントが。それで,もう来ないだろうという読みをしたんでしょうが,私はこれはやはり若干フライングぎみだと思いまして,これは今後は注意した方がいいと思います。やはりパブコメなんだから,国民の意見をどうぞと言ったんだから,どうぞと言った意見を,いっぱい来たならば,それを精査して,変えるところがあれば変えるためにパブコメをやるんだから。決裁がちょっと一日早いかなという,私,これを見てちょっと反省をします。

○逢坂委員　私は,問題意識は,決裁が一日早いのではなくて,起案そのものが早過ぎるんですよ。パブコメをやっている最中に起案できるなんということは,そもそもパブコメなんか全然相手にしないよと言っているに等しいわけですね。これはやはりどうにも,ここの点は直していただかなきゃいけない[24]。

　パブリック・コメント手続に関するこれらの過誤は,本書が直接分析の対象とする行政現象ではない。しかし,これらの過誤が繰り返し生じることは,パブリック・コメント手続に係る現象が政治家による幹部官僚人事への介入や大規模公共事業の廃止といった行政官僚制の非日常的なエピソードとは異なる,"日常の官僚制"による現象であることを端的に示している。しかも,2つの事案のうち後者の事案は「わたり」に関するものでありかなり政治的な性格を帯びた政令案であったにもかかわらず,パブリック・コメント手続の実施が軽視されている。つまり,パブリック・コメント手続は制度施行から10年を経て善かれ悪しかれルーティン化し,"日常の官僚制"の論理と慣行が浸透した領域なのである。

　以上,本章では,日本の中央政府レヴェルにおいてパブリック・コメント手続が導入された経緯を振り返ると同時に,省庁再編後から今日に至るまでの約10年に及ぶ同手続の施行状況を概観した。かかる作業を通じて,(1)パブリック・コメント手続の実施件数は当初は少なかったが,その後(特に行

24　2009(平21)年2月9日衆院・予算委員会議事録。

政手続法改正以降は）は増加していること，(2)パブリック・コメント手続を通じて提出される意見数が少ないこと，及び，(3)パブリック・コメント手続を通じて提出された意見に基づいて各府省が政省令等を修正する割合が少ないことを確認した。しかも，これらの傾向は旧意見提出手続段階からさほど変化していない。

　そこで，本書の主たる課題は，パブリック・コメント手続における意見提出数が少ないのはなぜか，及び，パブリック・コメント手続に係る原案修正率が低いのはなぜかについて，関係する先行文献を参照しつつ実証分析することにある。しかし，先行研究の多くは行政官僚制が当該手続を実施する際の社会的・政治的な環境要因に主として焦点を絞る一方，行政官僚制内部の構造的特質に対する関心が乏しいという傾向があり，狭義の政治学とは異なる行政学のアプローチが十分意識されているとは言い難い。そのため，次章では，パブリック・コメント手続の実証分析における，行政学のレゾン・デートルに相応しい説明変数及び被説明変数の設定の仕方について検討したい。

◆第2章
パブリック・コメント手続の行政学的アプローチ

第1節　官僚制の政治的コントロール論
第2節　官僚制研究の新しい組織アプローチ
第3節　発言・決定・行動

　本章では，パブリック・コメント手続の実証分析における，行政学のレゾン・デートルに相応しい説明変数・被説明変数の設定の仕方について，アメリカにおける行政官僚制の計量分析や近年の組織理論の動向等を素材に本書の立場を明らかにしたい。

　さて，「行政機関は何を行い，またなぜそれを行うのか（What government agencies do and why they do it ?）」（Wilson 1989）――ウィルソンの端的な表現を参考にすれば，(1)行政学の研究方法とは，他の経験的な社会科学と同様に，まず行政現象における一定の規則性やパターン等を記述し，その上でこれらを生じさせた因果関係を説明する（そして場合によっては規範的提言を行う）ことである。また，(2)行政学の研究対象は主として政治的アクターとしての行政官僚制の行動及びそのアウトプットとしての政策である。しかし，(3)行政学の体系，あるいは行政学の構成要素とその相互関係については，(1)及び(2)に比べ共通理解が成立していないように思われる。

　行政学の体系を考えるにあたり興味深い手がかりを与えてくれるのは，アメリカ行政学の今日に至る学としての発展経路である。西尾　勝によれば，アメリカ行政学は歴史的には行政理論と組織理論との接近，融合そして離反を経て今日に至るという。その上で西尾は「行政学の核心が行政官僚制の集団作業にあるとすれば，行政官僚制を取り巻く環境条件に関する行政理論と行政官僚制の構造的機能的特質に関する組織理論とが有機的に結合されなけ

第 I 部　パブリック・コメント手続の理論研究

ればならないであろう」（西尾1990：72）と述べている。前者の理論における主たる問いが「（狭義の政治から区別される）行政とは何か」であり，行政の機能や構造にいわば「外」から接近するのに対し，後者の理論は行政を一つの管理組織体として「内」から眺めるところに特徴を持つ。

　この歴史的発展経過を踏まえていえば，行政学とは，①行政官僚制の対内的活動（＝行政官僚制内における統制・調整・共働関係），②政府体系における行政官僚制の対外的活動（＝政官関係，官民関係，及び政府間関係）から構成される。そして，①及び②の一定の自律性と相互関係を想定するならば，論理的には，③行政官僚制の対内的関係と対外的関係とを公式的に繋ぐ制度や手続をも，行政学を構成する第3の要素として捉えねばならない（参照，**図表2-1**）。

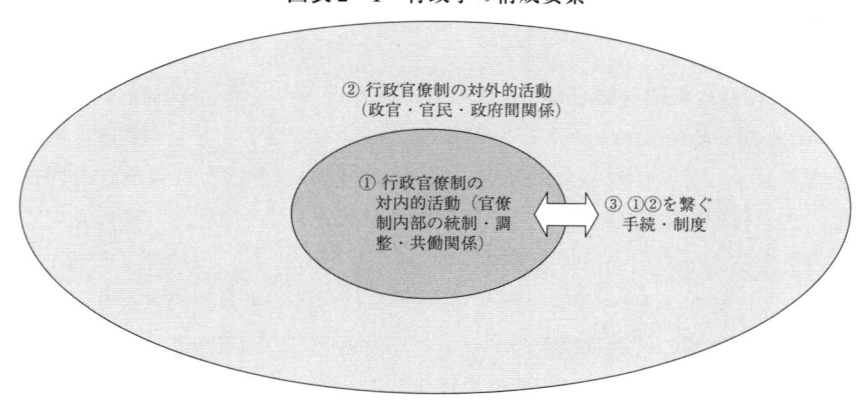

図表2-1：行政学の構成要素

出典：筆者作成

　ここでいう③行政官僚制の対内的関係と対外的関係とを公式的に繋ぐ制度や手続とは，第2次臨調や行革審の時代にしばしば用いられた表現を用いて言えば「共通的行政制度」に相当する。「共通的行政制度」とは，大森　彌によれば「行政運営の透明性や公正の確保など，国民の行政に対する信頼を高めるための各省庁に共通する運営制度」（大森1994：43）である。具体的には，個人情報保護制度，情報公開制度，オンブズマン制度及び行政手続制

度，さらには近年整備された制度でいえば公文書管理制度が挙げられる。

　たしかに，これまでも行政学の体系として，**図表2-1**の①に相当する「行政の内的過程」と**図表2-1**の②に対応する「行政の外的過程」の2つが提示されてきた。管見の限りではかかる体系を行政学の教科書レヴェルで初めて明確に提示したのは，村松岐夫編『行政学講義』（村松1985）である。同書は，行政を「選択行動」として捉えるとき最もよく理解されるとした上で，「選択過程の行政システムの外にあって選択過程に強い関係を持つ諸要素」を行政の外的過程，「諸行政機関・行政執務者の間の調整」という行政の内的過程という2区分を提示していた。同書は「選択活動の現実は外的過程と内的過程に截然と区別されているわけではないが，説明の便宜のため，ここでは両者を分けて考えている」（村松1985：13）とも付言している。同書は両者が「想定程度に高い自律性をもっていること」（村松1985：179）については述べるものの，二つの過程を公式に繋いでいる制度や手続を行政学の体系の一部をなす第3の構成要素としては提示していない。また，同書の骨格を参照して編まれた教科書でも，行政の組織体としての内部メカニズムを扱う内部過程と行政機構とその外にある社会，議会，及び市民等との関係をさす外部過程とを区別した後，「内部過程と外部過程は峻別できず，双方にまたがる事項は数多く存在する」（村上ほか2009：3）と述べるにとどまっている。

　そこで，自らの歴史的発展過程を広義の政治学における行政学の"強み"として生かすならば，**図表2-1**の①～③の全てを視野に入れた研究こそが行政学と考えることができる。仮に，**図表2-1**の②のみを行政学として取り扱うことは行政学の狭義の政治学への回帰を意味する。さりとて，**図表2-1**の①のみを行政学として取り扱うことは行政学の組織論あるいは経営管理論への回帰につながろう。従来，行政学の体系を構成する要素として自覚されてこなかった**図表2-1**の③を，**図表2-1**の①及び②と並んで明示的に考察対象に取り入れるべきだというのが本書の主張である。そして，**図表2-1**③に相当するのが，本書が主として論じるパブリック・コメント手続（を含む行政手続）である。

31

以下の論述では，まず，行政学のレゾン・デートルに相応しい説明変数・被説明変数とは何かという視点から，**図表 2 - 1** の③と②の関係に焦点をあてる代表的な研究（＝第 1 節）と，**図表 2 - 1** の①と②との関係を重視する代表的な研究とを検討の俎上に載せる（＝第 2 節）。これらの作業を踏まえた上で，社会・経済的変数や政治的変数に加えて行政官僚制内部の構造的要素を説明変数の一つとして重視することと複数の被説明変数に目配りすることとが，行政学のレゾン・デートルに相応しいアプローチであることを述べたい（＝第 3 節）。

第 1 節　官僚制の政治的コントロール論

APA におけるパブリック・コメント手続に関しては，誰がどのような意見を提出し行政機関がいかなる意見を考慮して規則案を修正したかについての情報にアクセスすることが容易である。そのため，アメリカのパブリック・コメント手続研究ではかかるデータを用いた実証分析が盛んである。その分析の理論的なバック・ボーンを担ってきたのがプリンシパル・エージェント理論，なかんずく「官僚制の政治的コントロール（political control of the bureaucracy）」論である（Meier and O'Toole 2006：22；建林 2005；曽我 2005：46-51）。しばしば引用されるマカビンらの見解によれば，「警ら（police patrol）」型と対比される「火災報知器（fire-alarm）」型の官僚制コントロールは，パブリック・コメント手続を通じた利益団体の意見提出を一つの契機として発動されるという（McCubbins and Schwartz 1984）。

そこで本節では，行政学の存在理由に相応しい説明変数・被説明変数の設定の仕方を探るという視点から，政治学におけるプリンシパル・エージェント理論の源流とその発展経過を辿ることにする[25]。

(1) 官僚制の政治的コントロール論の源流

官僚制の政治的コントロール論の源流は，少なくともモー（T.M.Moe）

による論文「規制パフォーマンスと政権（presidential administration）」（Moe 1982）にまで遡る。この論文は，大統領が独立規制委員会の規制パフォーマンスをコントロールしうるのか否か，コントロールしうるとすればいかにして可能なのかを論じた文献である。この論文では，大統領の党派性が独立規制委員会のパフォーマンスに一定の影響を及ぼしていることが実証的に明らかにされた。そこでは詳しい言及がないもののプリンシパル・エージェント理論が下敷きにされていたことは，彼による後の論文（Moe 1984：756；Moe 1985：1097）からも明らかである。

モー曰く，「プリンシパル・エージェント・モデルは，代理人に関する分析の表明である。そこでは，一方の当事者すなわち本人が他方の当事者すなわち代理人と契約による合意に至ると考える。そして，代理人には，契約後，本人が望むアウトカムを生み出す行動を選択することが期待されている。……本人には，代理人が持つような専門知識や法的資格が欠けている。時には，業務の規模や複雑さだけとっても本人以外の人間との調整が必要な行動が必要になる。

しかし，代理人に頼る何らかの動機を想定するならば，本人が決定しなければならない問題は，単に有能な人間を配置するというレヴェルを超えた，かなり複雑なものである。というのは，代理人が，いったん雇われた後，実際に本人にとって最良の利益を追求するあるいはその利益を効率よく追求する保証はないからである。代理人の心の中には代理人自身の利益が存在する。代理人は，彼（女）らの契約を通じて付与されるインセンティブ構造により，本人の目標を追求する行動が自らにとって都合がよい程度においてのみそのように行動するよう動機づけられるに過ぎないのである」（Moe 1984：756）。ここには，プリンシパル・エージェント理論の中核が本人・代

25　本章では，官僚政治（bureaucratic politics）論の文献としてしばしば引用されるカーペンター『官僚制の自律性の形成』（Carpenter 2001）を，官僚制の政治的コントロールの文献として取り上げない。なぜならば，同書では，第2次世界大戦以前における官僚制の自律性の条件として示した結論が官僚制の政治的コントロールを巡る今日の議論とどのような関係にあるのかが明確に示されているわけではないからである。

理人関係における情報の非対称性と両者における目標（選好）の不一致の2つであることが明確に述べられている。

官僚制の政治的コントロールの領域におけるプリンシパル・エージェント理論の最大の特徴は，情報の非対称性と目標（選好）の不一致を基に抽象化された本人・代理人関係を想定することで，フォーマル・モデルの構築やこれに基づく実証分析を可能にしたことであろう。また，そこでの議論が，行政官僚制の事後的コントロール（ex post control）ではなく，これを予め枠づける構造やプロセス（特に行政手続）やそこから生じるインセンティブなど，従来看過されてきた事前の——しかもより低コストの——コントロール（ex ante control）に関心をあてたことも大変斬新であった。さらに，行政領域の拡大や必要とされる専門知識の増大により政治家が行政官僚制を実効的にコントロールしていないとする行政優位（administrative dominance）論に対し再考を促したのは，プリンシパル・エージェント理論による最大の功績の一つである（Huber and Shipan 2006：256-257）。

さて，プリンシパル・エージェント理論を背景とする官僚制の政治的コントロール論の研究は，モーや「マクノルガスト（McNollGast）」（例えば，McCubbins and Schwartz 1984；McCubbins, Noll and Weingast 1987）による研究を契機に広がりを見せた。その詳細に立ち入って論じることは本書の意図するところではない。ただ，行政学のレゾン・デートルに相応しい説明変数・被説明変数の設定に関心を向ける本書の立場から強調しておきたいのは，以下の2点である。

第1に，これらの研究では行政官僚制による諸決定を民主的な機関（大統領や議会）に対して応答的にさせる制度や手続，典型的には行政手続（図表2-1の③）に焦点が当てられてきたことである。このようなアプローチは日本の政治学にも影響を与えている。例えば，建林正彦は，1993(平5)年に制定された「行政手続法……は，『火災報知器型』監視を強化する制度改革であったと考えられる。利害関係者による官僚監視を容易にする法制度の充実は，政治家の官僚監視のコストを削減するものであることを理解する必要がある」（建林 2003：86-87）と述べている。

第2章　パブリック・コメント手続の行政学的アプローチ

　他方で，第2に，これらの研究が「官僚制が組織として果たしている役割を考察から除外している」(Meier and Krause 2003：293) ことにも本書の立場からすれば注意しなければならない。敷衍すれば，行政官僚制は，これらの研究では，意思決定の一つの（合理的な）主体として扱われる一方，その内部における活動（図表2-1の①）には関心が向けられていない。別言すれば，プリンシパル・エージェント理論が官僚制の政治的コントロールの成否（被説明変数は図1の②）を説明する際，行政官僚制の対外的関係と対内的関係とを繋ぐ手続や制度（図1の③）を説明変数に取り入れる一方で，行政官僚制内部の構造的要素（図表2-1の①）を理論的射程に含めていないのである。したがって，行政官僚制の内部を「ブラック・ボックス」とみなすプリンシパル・エージェント理論は，行政学の存在理由に相応しい説明変数・被説明変数を設定しているとはいえない[26]。

　それでは，古典的な官僚制の政治的コントロール論から脱却し，行政学の存在理由に相応しい説明変数・被説明変数の設定を試みるとすればどのような可能性が考えられるであろうか。

　一つ目は，被説明変数としての官僚制の政治的コントロールの成否（図表2-1の②）を考察するにあたり，行政官僚制の対外的関係と対内的関係とを繋ぐ手続や制度（図表2-1の③）と並んで行政官僚制の内部構造（図表2-1の①）をも説明変数とする研究戦略が考えられる。もう一つは，「政治は，すべて本人・代理人関係のチェーンで結ばれた構造を有する」(Moe 1984：765) ことから，まず行政官僚制の対内的関係（図表2-1の①）をプリンシパル・エージェント理論で分析し，その研究成果から官僚制の政治的コントロールの成否（図表2-1の②）を演繹あるいは類推する研究戦略が考えられる。

　そこで，以下の(2)及び(3)では，古典的な官僚制の政治的コントロール論に

---

[26] なお，本書は，プリンシパル・エージェント理論が行政学のレゾン・デートルに相応しい説明変数・被説明変数を設定していないことのみを指摘しているのであって，その理論的価値を否定するものではない。この点は，本節(2)以降で取り上げる各種の理論についても同様である。

修正を施そうとする2つの類型の研究を取り上げることにする。

(2) **官僚制の政治的コントロール論の展開1：行政官僚制内部への関心**────
　法律の規律密度と行政官僚制への委任との関係を研究したことで知られるフーバーらは，「委任（delegation）の政治の研究と官僚制内部構造の研究とのリンクは，──かつては主として社会学の領域であったが──今後の官僚制研究の最も重要な方向性の一つである」（Huber and Shipan 2006：270）と述べている。しかし，官僚制の政治的コントロールの成否が行政官僚制内部の要素等にも依存することを解明する研究が皆無だったというわけではない。例えば，これに該当するのがウィットフォードによる組織内分権と官僚制の政治的コントロールとの関係に関する研究である（Whitford 2002）。
　ウィットフォードは，原子力規制機関に関する実証分析をもとに「インセンティブ・システムや監視は──代理人の内部構造に関係なく──代理人を政治的コントロールに服させるほど完全なのか」（Whitford 2002：169）と従来のプリンシパル・エージェント理論に疑問を投げかけている。彼の主張は，出先機関への権限委譲が中央政府による行政機関に対する監視の妨げとなり，結果として政治的コントロール全体を減ずるというものである。つまり，「官僚制の組織構造は，議会や選挙制度のそれと同様に，最も重要である。構造は官僚制の屋台骨である。議会や大統領による連邦官僚制のコントロールは確実なものではない。むしろ，部分的には官僚制の構造に依存する可能性の問題である」（Whitford 2002：169）。
　彼の議論は，従来のプリンシパル・エージェント理論が行政官僚制内部の「タテの管轄」に無関心であったことを適切に指摘した。その上で，官僚制の政治的コントロールがその組織構造に依存することを正面から指摘した点で高く評価できる。しかし，伝統的に**図表2-1**における①の構造と機能を分析してきた行政学からすれば，タテ・ヨコのフォーマルな管轄が説明変数として重要であるという主張自体は──計量分析による実証を通じて裏付けられたことを除けば──特段目新しいものではない。また，行政官僚制の対内的関係（図表2-1の①）においては，フォーマルな権限の存在以上にそ

の他のリソース(人員,予算,情報,技術等)の調達と運用が主たる機能である。したがって,ウィットフォードの研究は,行政官僚制内部の主要な管理機能を説明変数として取り入れていない点で,行政学の存在理由に相応しい説明変数・被説明変数を設定しているとはいえない。

(3) 官僚制の政治的コントロール論の展開2：行政官僚制の内部関係自体の分析

(2)で取り上げた議論が官僚制の政治的コントロールの成否につき行政官僚制内部の構造を追加的変数として取り込むものであったのに対し,ブレームら(J.Brehm and S.Gates)の議論は,より直截に,行政官僚制の内部自体についてプリンシパル・エージェント理論を用いて分析するところに特徴がある。

ブレームらの中心的問いは,「誰があるいは何が官僚の政策選択をコントロールしているのか」(Brehm and Gates 1997：21)にある。つまり,分析の単位は,行政官僚制における個々の官僚の行動である。従来のプリンシパル・エージェント理論のように分析の単位を行政官僚制全体に設定しない理由は,「組織に対する(over)コントロールや監視の問題(組織間コントロール)を理解するためには,組織内部の(within)コンプライアンスの問題(組織内コントロール)を理解しなければならない」(Brehm and Gates 1997：2)と彼らが考えるからである。

従来のプリンシパル・エージェント理論に基づき彼らが展開する理論は,「拡大プリンシパル・エージェント・モデル(enhanced principal agent model, EPA model)」である(Brehm and Gates 1997：chap.2；Brehm, Gates, and Gomez 2003：137)。この理論は,極めて単純化して言えば,従来のプリンシパル・エージェント理論を修正し,代理人たる部下には上司のコントロールに消極的に服従する以外にも行動の選択肢があることと,上司の部下に対する監督活動には制約が多いことを強調するものである。その結果,効果的な監督(＝被説明変数)が,監督の特性よりはむしろ部下のそれ(＝説明変数)に左右されることを官僚へのサーベイ・データを用いた実証分析に

基づいて導いている。

　ブレームらが辿り着いた結論は，以下の通りである。「部下官僚のパフォーマンスは主として彼らの特徴（predisposition）に影響を受けるのであり，上司の努力によるものはきわめてわずかである。……官僚自身の選好がそのパフォーマンスに最も影響を与えているのである」（Brehm and Gates 1997：196）。ただし，興味深いのは，同僚の行動が官僚の行動に影響を及ぼしているとも述べていることである。例えば，行政官僚制内部における確立した「標準作業手続」や同僚の行動からの学習・模倣（learning form "like others"）が個々の官僚の行動を首尾よく説明するという。

　ブレームらの議論の特徴は，従来，政府体系における行政官僚制の対外的関係において適用されてきたプリンシパル・エージェント理論を一部修正の上，単純化された上司・部下関係としての行政官僚制の内部関係に適用したことにある。しかも，従来のプリンシパル・エージェント理論のみならずバーナード（C.I.Barnard）やサイモン（H.A.Simon）などの組織理論を摂取して，組織内における個々の官僚行動を説明したことである。

　しかし，彼らの研究は図表2-1の①のみを扱い，図表2-1の②及び③については「我々の本書での作業は，議会や大統領が官僚制のパフォーマンスに重要な影響を及ぼしうるという可能性と矛盾しない」（Brehm and Gates 1997：200-201）ことにわずかに触れるに過ぎない。これは，参照された組織論が単一組織内の社会心理学的研究までにとどまり，組織を「オープン・システム」として捉えるそれ以降の理論進展に無頓着であることと関係している。

　したがって，ブレームらの研究は，図表2-1①と③を同時に視野に入れて図表2-1の②を説明していない点で，行政学の存在理由に相応しい説明変数・被説明変数を設定しているとはいえない。

　以上，本節では，行政学のレゾン・デートルに相応しい説明変数・被説明変数とは何かという視点から，近年の行政官僚制の実証研究のうち主として図表2-1の②と③との関係にフォーカスする官僚制の政治的コントロール

論を分析の俎上に載せた。そこで確認されたのは，以下の諸点である。

(1) 当初の官僚制の政治的コントロール論では，当初，行政官僚制の対内的関係がいわば「ブラック・ボックス」として扱われてきたこと，
(2) この「ブラック・ボックス」を解明すべく，行政官僚制の対内的関係を説明変数に加える試みや行政官僚制の対内的関係そのものを分析する研究も登場したこと，
(3) それでもなおこれらの研究は，行政官僚制の対内的関係や，行政官僚制の対外的関係と対内的関係とを繋ぐ手続や制度を，説明変数としてもれなく設定してはいない。

そこで次節では，引き続き行政学のレゾン・デートルに相応しい説明変数・被説明変数とは何かという視点から，図表2-1の②と①との関係に焦点を当てた行政官僚制の実証研究を取り上げる。

第2節　官僚制研究の新しい組織アプローチ

(1) 官僚制研究の新しい組織アプローチ・概観

アメリカ政治学会（American Political Science Association, APSA）が設けている学会賞のうち，行政研究者に贈られる賞として「ジョン・ガウス賞（John Gaus Award）」がある。この賞は，行政学と狭義の政治学との架橋を試みたガウスの研究（手島1995：160）に連なる研究に与えられる賞である。この賞が行政研究者にとっていかに権威ある賞であるかは，過去の受賞者リスト[27]をみれば一目瞭然である。

2006年の同賞はマイアー（K.J.Meier）に授与された（Meier 2007）。マイアーの最近の研究は，行政官僚制の対内的関係なかんずく管理機能（図表2-1の①）を主たる説明変数として組織の対外的パフォーマンス（図表2-1

---

[27] http://www.apsanet.org/content_4447.cfm.

の②）を説明するというものである。この研究は，図表2-1の①を起点として図表2-1の②を説明する行政官僚制の実証研究である点で，前節で詳述した官僚制の政治的コントロール論の対極に位置している。

そこで本節では，彼らが標榜する「官僚制研究の新しい組織アプローチ（new organizations approach to studying public bureaucracies）」の特徴について整理する。その上で，彼らの研究が行政学の存在理由に相応しい説明変数・被説明変数を設定しているか否かを考察したい。

さて，マイアーらは，従来の官僚制の政治的コントロール論が「官僚制のパフォーマンスを大統領，議会及び裁判所の組み合わせによる政治的バーゲニングの結果と捉え，官僚制を分析の俎上に載せていない」点を批判し，「官僚制中心の（bureaucentric）フォーカス」の意義を強調する。そこで，彼らが提唱する「官僚制研究の新しい組織アプローチ」の特徴は，以下の2点である（Meier and Krause 2003：293）。

(a) 行政国家がどのように機能しているかを理解するために，議会や大統領といった民主的機関・制度ではなく行政官僚制そのものに焦点を当てること，
(b) 行政官僚制の機能についての経験的に検証可能な演繹的あるいは非演繹的理論を用いること。

(a)は，従来の官僚制の政治的コントロール論を展開する論者が行政官僚制をブラック・ボックスとして扱ったり，あるいは行政官僚制を「ナイーブで，洗練されておらず，しかも刺激・反応パターンで政治家に応答する」存在と想定したりすることへの批判である。他方で(b)は，従来のアメリカ行政学が実務家向けの実践的・規範的性格を持ち，狭義の政治学で展開された経験的な分析手法に比較的無頓着であることへの批判である。要約すれば，「官僚制が何を行いなぜそれを行うのか」という問いに，検証可能な手法を用いて正面からアプローチするのがマイアーらのいう「官僚制研究の新しい

組織アプローチ」である。

(2) オトゥール＝マイアー・モデル

彼がオトゥール（L.J. O'Toole）とともに特に関心を向けているのは，行政官僚制内部における管理機能を説明変数とし，これが被説明変数としての組織の対外的パフォーマンスにどのようなインパクトをもたらすかについてである。彼らが(a)(b)のアプローチに基づいて構築したフォーマル・モデルが，以下に示す「オトゥール＝マイアー・モデル（O'Toole-Meier model）」である（Meier and O'Toole 2006：Appendix；Meier and O'Toole 2008）。

$$O_t = \beta_1 (S + M_1) O_{t-1} + \beta_2 (X_t/S)(M_3/M_4) + \varepsilon_t \quad [1]$$

ここで，Oは組織のアウトカム，Sは組織による安定したアウトカム産出に寄与する構造的・手続的な安定化の措置である。また，Mは管理行動，そのうちM_1は組織安定化に資する，ヒエラルキーや構造に依拠しない管理行動，M_3は組織環境を開発する管理行動，M_4は組織環境からのショックをバッファーする管理行動である。最後に，Xは環境の政治的・経済的・社会的影響力のベクタである。

本書の関心は，オトゥール＝マイアー・モデルに基づいた実証研究における変数の操作化やデータの信頼性・代表性等の是非について立ち入ることではない[28]。本書の観点からオトゥール＝マイアー・モデルが興味深いのは，**図表2-1**の①行政官僚制の対内的関係を起点としたフォーマル・モデルを提示している点である。これは，説明変数の設定に関し官僚制の政治的コントロール論が抱えていた問題を克服しようとする試みである。マイアー曰く，「管理は重要な変数であり，別個に考察されうるし体系的に研究しうるのである」（Meier 2008：3）。

---

28 マイアーらの研究における変数の操作化やデータの信頼性・代表性等については，雑誌『行政と社会（Administration & Society）』誌上において，実証行政学（public administration empiricism）全体の問題と絡めて議論がなされている。Luton 2007；Meier and O'Toole 2007；Andrews, Boyne, and Walker 2008；Luton 2008.

さて、行政学のレゾン・デートルに相応しい説明変数・被説明変数を探る本書の立場から問題なのは、フォーマル・モデルにおける被説明変数の設定の仕方である。オトゥール＝マイアー・モデルに基づく実証分析に際して選択されたのは、テキサス州の学校区（school district）の組織的パフォーマンスであった。より具体的に言えば、各学校の標準化テストのスコアが組織内部の管理機能（例えば、学校長の管理スキル）によって説明されうるのか否かが分析されたのである。しかし、ウィルソン（J.Q.Wilson）による有名な行政官僚制の分類が示すように（図表2-2）、被説明変数としてのアウトカム（あるいはアウトプット）が観察困難な行政官僚制は存在しうる。仮にウィルソンの行政官僚制の分類を前提にすれば、このモデルは、アウトカム・アウトプット双方が観察困難な「管理困難組織」には少なくとも適用できないのである。

図表2-2：アウトプット・アウトカムの可視性の
有無からみた行政官僚制の分類 [29]

アウトプット	アウトカム	類型
○	○	生産（product）組織
○	×	手続（procedural）組織
×	○	職人（craft）組織
×	×	管理困難（coping）組織

出典：Wilson（1989：159-171）に基づき筆者作成。
なお、表中、○は可視的、×は不可視的を意味する。

したがって、被説明変数を行政官僚制のアウトカムと位置づけるオトゥール＝マイアー・モデルを、行政官僚制の活動全般に通用する普遍的なフォーマル・モデルと捉えることはできない。マイアーは、官僚制の政治的コントロール論の対象がアメリカの連邦レヴェルの規制機関に偏っていることを指摘している。(Meier and Krause 2003：301)。しかし、オトゥール＝マイアー・

---

[29] なお、ウィルソンは、この分類は「決して理論などではない……。注意の上利用されたし」(Wilson 1989：159) と付言している。また、ウィルソンによれば、学校はアウトプットもアウトカムも不可視的な「管理困難組織」に類型化されている。

モデル自身もかかる対象選択のバイアスを避けて通ることはできないだろう[30]。

　以上，本節では，近年の実証的な行政官僚制研究のうち主として図表2-1の①と②との関係にフォーカスし，行政官僚制の内部管理機能から行政官僚制の対外的関係を説明しようとするマイアーらの所説を取り上げた。そこで確認されたのは以下の二点である。

(1)　マイアーらの提示するフォーマル・モデルは，説明変数として図表2-1の②ではなく図表2-1の①を設定した点で，第1節で述べた官僚制の政治的コントロール論が抱えていた課題を克服する試みである。
(2)　しかし，このモデルでは被説明変数として行政官僚制のアウトカムのみを想定しており，モデルの普遍妥当性を妨げている。

　そこで，次節では，第1～2節における検討を踏まえ，本章の冒頭で言及した「行政機関は何を行い，またなぜそれを行うのか」という問いに立ち返り，行政学のレゾン・デートルに相応しい説明変数・被説明変数とは何かを考えることにしたい。

第3節　発言・決定・行動

　「行政機関は何を行い，またなぜそれを行うのか」——第1節で論じた官僚制の政治的コントロール論は，フォーマル・モデルから検証可能な命題を導き，経験的な分析を展開した点で行政官僚制の研究に大いに貢献した。しかし，当該理論は，行政官僚制内部に関わる説明変数を十分に取り込ん

---

[30]　官僚制の政治的コントロール論の領域では，組織のアウトカムあるいは決定の内容に代えて，組織的決定に至る期間あるいはタイミングを被説明変数として選択し，行政官僚制の「待たせる権力（the power to wait）」の要因を捉えようとする研究もある（Carpenter 2003）。

でいない点で課題が残っている。つまり，上記の問いのうち後段の「行政機関は……なぜそれを行うのか」という問いに関わる説明変数の設定が問題であった。また，第2節で取り上げたオトゥール＝マイアー・モデルは，行政官僚制内部の管理機能を説明変数に設定している点で，官僚制の政治的コントロール論が抱えていた課題を克服せんとする試みであった。しかし，オトゥール＝マイアー・モデルは，組織のアウトカムを被説明変数として採用している点でその理論的射程が限定されることになった。つまり，ここでは，上記の問いのうち前段の「行政機関は何を行うのか」に関わる被説明変数の設定が問題だったのである。したがって，本章の2節の作業を踏まえて言えば，行政学のレゾン・デートルを生かすためには，説明変数として行政官僚制内部の要素にこだわりつつ，観察可能な被説明変数をできる限り追加することが必要なのである。

そこで，本節では，行政学のレゾン・デートルに相応しい被説明変数として，行政官僚制の活動によるアウトカム以外に何を想定しうるのかについて考察する。前節の**図表2-1**を参考にするならば，その最有力候補が行政官僚制のアウトプットであることは明らかである。ここでは，行政官僚制のアウトプットを単に財・サービスの供給（＝狭義のアウトプット）にのみ限定せず，それに至る段階の「発言（talk）」や「決定（decision）」まで含めて包括的に捉えるブルンソン（N.Brunsson）の所説を取り上げたい。ブルンソンはオルセン（J.P.Olsen）らとともに，組織理論を基盤とした行政研究を志向する行政学の「スカンジナビア学派（skandinavische Schule）」（Jann 2006；原田 2010）を代表する一人である。

ブルンソンの組織理論の特徴は，組織環境からの正統性を調達することなしに組織は存続できないという点から議論が説き起こされるところにある。組織の外部環境に対する「開放性（openness）」は，組織の正統性にとっての重要な基礎を構成すると同時に脅威でもある（Brunsson 1989：150）。ブルンソンによれば，組織は2つの点で組織環境に依存せざるを得ないという。すなわち，財源・人員など，組織が自由に利用することのできる各種リソース，及び，組織の存続についての外部からの支援の調達である（Brunsson

1989：Ch.1）。そのため，組織存続に必要となる組織の正統性は，一方で(a)財・サービスの供給を通じた組織環境との各種リソースの交換や，(b)組織環境とのシンボリックな同調性（accord）を創出する組織能力に依存している。

　ブルンソンは，組織の理念型として，正統性の調達に関する2つの方法のうち(a)にのみ依存する組織を「活動組織（action organization）」，(b)にのみ依存する組織を「政治組織（political organization）」として区分する。後者は，定義上，相互に矛盾する諸規範をできる限り反映することだけが自らの正統性の基礎になる。そのため，ブルンソンのいう「政治組織」にとっての最大の課題は，組織環境における相互に矛盾する諸要求にどのように応えるのかとなる。

　組織環境における矛盾する諸規範への対応を可能にするのが，「政治組織」によるアウトプットとしての「発言（talk）」や「決定（decision）」である。このうち「決定」とは，行動の意思や選択肢を示す特殊なタイプの「発言」である（Brunsson 2007：111）。物理的な財・サービスの供給のみが，組織環境からの諸要請に応える組織行動ではない。組織は，組織環境からの異なる要請に応えるために異なる財・サービスにつき時間差をおいて産出したり，異なる要請に対応する部局を別個に設けたりすることがある。しかし，組織はそれだけにとどまらず，「発言」や「決定」という非物理的・イデオロギー的アウトプットを通じて外界の矛盾する諸規範に対応するのである。ここでは，「発言」や「決定」は，実際になしえない行動を補完する役割を担うことになる（Brunsson 2007：115）。

　ブルンソン曰く，「発言，決定，及び財・サービスの生産は，環境から正統性と支持を調達するために政治組織によって用いられる，相互に独立した手段である。……政治組織においては，発言，決定及び財・サービスの生産は〔ブルンソンのいう「活動組織」において期待されているように〕結びつく必要はない。逆に，それらの間には不一致が見出されうる。組織環境における諸要求の不一致に対応するために，政治組織は，発言，決定，及び財・サービスの生産のそれぞれの段階においてのみならず，それらの間の関係におい

ても不一致を援用することができる。別言すれば，欺瞞（hypocrisy）とは政治組織における行動の基本類型である。つまり，政治組織は，ある人の要求に応える発言を行い，別の人の要求を満たす決定を行い，さらにそれ以外の人の要求に沿った財を供給するのである」（Brunsson 1989：27. なお，括弧内筆者）。

　ブルンソンが「組織の欺瞞」を概念化したのは，スウェーデンの地方自治体における都市計画や予算過程のケース・スタディを通じてであった（Brunsson 1989：Ch. 3～7）。ここから分かるように，行政組織は，組織環境からの相互に矛盾する要求に対処すべく「発言」や「決定」を通じて正統性を調達することに腐心してきた「政治組織」の最たる例である。

　ただ，注意すべきは，「政治組織」のイデオロギー的な行動特性を「欺瞞」という表現等を用いて批判する意図がブルンソンにない点である。彼曰く，「矛盾する諸要求にさらされている組織の存続にとって，組織の非統合は積極的な効果を持っている」。敷衍すれば，「組織の構造，プロセス及びイデオロギーは，伝統的には，組織内の調整にあたっての重要な手段（instrument）として，すなわち，満足いくアウトプットを確保する効果的な生産に必要な存在とみなされてきた。私は，これらの現象を手段としてではなく結果として記述しよう。これらの現象は，それ自体として重要な組織のアウトプットである」（Brunsson 1989：10）。彼の理解からすれば，環境からの矛盾する諸要請にさらされる現代組織，特に行政官僚制の本質は，財・サービスの生産ではなく，その前段階あるいはそれに至るプロセスとしての「発言」や「決定」に見出されねばならない（Brunsson 1989：174-175）。「相互に矛盾する諸要求に対処する基本的な方法は，政治〔個々の組織内における異なる利益への対処方法〕と実際の行動とを分離・独立させること，すなわち両者を"切り離す（decouple）"することである」（Brunsson 1989：33. なお，括弧内筆者）。決定と行動とを切り離すことは，問題なのではなく「一つの解決方法とも解釈できる」（Brunsson 1989：188）。

　仮に「欺瞞」がなければ，一方の利益は十分満たされようが，他方の利益は全く満たされないままである。「欺瞞」があるからこそ，双方の利益がそ

れなりに満たされるのである。また，組織に利害関係を有するアクターの大半は，組織による行動に直接関わったり見聞きしたりする術を持たない「見物人（spectator）」（Brunsson 2007：119）である。そのため，彼(女)らは，組織による「発言」や「決定」に接することで組織による実際の行動や財・サービスの生産がなされたと受け取るのである。

　このように，ブルンソンは，行政官僚制によるアウトプットの多様性を組織の性格から導いた点で興味深い議論を展開している。特に，財・サービスの生産と「決定」・「発言」が，社会の諸要求に応える行政官僚制のアウトプットとして同一の機能を有しているという指摘は，複数の被説明変数を設定しようとする本書の立場からは非常に有益である。

　以上，本章では，行政学のレゾン・デートルを生かすためには，説明変数として社会・経済的変数や政治的変数に加えて「官僚制中心（bureaucentric）」の変数を意識しつつ，複数の被説明変数を設定することが必要であることを述べてきた。このうち，被説明変数としての行政官僚制のアウトプットとしては，狭義のアウトプットである財・サービスの生産のみならず，通常その前段階に位置づけられる「発言」や「決定」まで含めることが可能でありかつ有意義であることを確認した。

　ここで確認した諸点を日本の各府省によるパブリック・コメント手続の分析に適用するならば，

(1) オフィシャルなパブリック・コメント手続における規制原案の修正の有無やその程度のみならず，これに先立つ段階である，パブリック・コメント手続を通じて提出される意見の多寡についても被説明変数として併せて設定すること，
(2) パブリック・コメント手続を実施する各府省を取り巻く環境要因（例えば，政治家や利益団体などの政治的・社会的アクターによる影響力の行使）のみならず各府省内部の管理機能も説明変数として設定すること，である。

次章では，この二点に留意しつつ，パブリック・コメント手続に関する先行研究の到達点と残された課題について整理し，第4章以下で展開するパブリック・コメント手続の実証分析にあたって留意すべきポイントを確認する。

◆第3章
パブリック・コメント手続に関する先行研究

第1節　日本における先行研究の到達点と課題
第2節　アメリカにおけるパブリック・コメント手続の実証分析

　本章では，パブリック・コメント手続に関係する内外の先行研究をレヴューし，その到達点と残された課題について整理し，次章以下の実証分析にあたっての留意すべきポイントを析出する。

　あらかじめ概括的にいえば，日本における先行研究については(1)サーベイ・データを用いて利益団体の行政官僚制への影響力行使を分析する研究が充実している，(2)また最近では行政官僚制と利益団体との戦略的相互作用に関する事例研究も登場している。しかし，(3)利益団体が行政官僚制への影響力を行使するアクセス・ポイントとしてのパブリック・コメント手続に着目した実証分析は非常に限られている。他方，アメリカでは，1990年代中頃以降，APAにおける「告知とコメント（notice and comment procedure）」条項（APA553条(b)(c)）を通じた利益団体による行政官僚制への影響力行使について実証的な研究が積み重ねられてきている。

第1節　日本における先行研究の到達点と課題

(1) サーベイ・データを用いた利益団体研究

　パブリック・コメント手続に関係する日本の先行研究のうち(1)に相当するのが，村松岐夫らによる利益団体研究（村松ほか1986；村松1998；真渕1998；秋月1998；久米2006）である。これらの研究はいずれも数次にわたる団体へのサーベイ調査に基づくものであり，日本における最も優れた利益団体研究である。しかし，これらの研究では，利益団体による活動のターゲッ

トとして政党・議会あるいは行政官僚制のいずれに働きかけをすることが有効かという視点から問題設定がなされ，しかも働きかけのタイミングや具体的な行政活動としては主として毎年秋口以降の予算編成作業を念頭に置いてきた。そのため，これらの研究は，利益団体の活動量全体やその傾向については大いに参考にすべきところがあるものの，企業・団体等や市民によるパブリック・コメント手続を通じた影響力の行使について実証的に分析しているわけではない。

　次に，利益団体によるロビイング戦術等を実証的に論じた石生義人の研究がある（石生 2002）。石生は，利益団体によるロビイング戦術として，①アクターとの交渉型であるインサイド戦略と②会員動員やマスメディア利用へ向かうアウトサイド戦略，の2つを提示している。石生は，その上で，いかなる利益団体がいかなる政治アクターに対していずれの（あるいは双方の）ロビイング戦略を用いるかについて大規模なサーベイ・データ（Japan Interest Group Study, JIGS）を用いて分析している。たしかに，この研究では，企業・団体等や市民によるパブリック・コメント手続を通じた影響力の行使について実証的に分析しているわけではなく，また，各府省は単なるロビイングの客体としてのみ扱われているに過ぎない。しかし，石生の研究が本書にとって興味深いのは，石生が回帰分析に基づいて「政府から何らかの規制を受けている団体ほど，ロビー活動を行っている」（石生 2002：176）という仮説を実証している点である。しかも，補助金受給額の多寡がロビイングの頻度に必ずしも連動していないことも併せて指摘されている。つまり，利益団体が各府省に組織的・体系的に働きかけようとするのは，補助金の受給よりもパブリック・コメント手続の主たる対象である規制を機縁とするということである。

　さらに，この系譜に属する最新の研究として，ナオイ及びクラウスによる研究がある。ナオイ及びクラウスの研究は，日本の利益団体がロビイングするルートの選択（venue selection）が利益団体内部の組織構造（集権的かそれとも分権的か？）や選挙制度（旧中選挙区制かそれとも現行の小選挙区制か？）によって規定されることを，村松らのサーベイ・データを用いて実証してい

る（Naoi & Krauss 2009）。しかし，この研究でも，行政官僚制はロビイングの客体としてのみ取り扱われ，またパブリック・コメント手続を分析対象としていない。そのため，本書の立場からすれば村松らの研究や石生の研究について指摘したのと同様の課題が残る。

(2) 利益団体と行政官僚制との間の戦略的相互作用に関する研究

次に，(2)利益団体の政策形成に対する影響力を，官庁の政策選好を分析に取り入れつつ定性的に分析した興味深い研究として京　俊介による研究がある。京は，著作権法全面改正（1962(昭37)～1970(昭45)年）の審議過程を素材に，政策形成に関わるアクターがいかなる政策選好を持ち，どの程度の影響力を行使した結果，いかなる政策帰結をもたらしたかを分析している（京 2009a）。この研究で興味深いのは，利益団体の影響力の大きさを測定する際，利益団体の政策選好のみならず旧文部省や文化庁の政策選好を演繹的に用いている点である。つまり，(1)で取りあげた村松らの研究とは対照的に，行政官僚制を単なるロビイングの客体として取り扱っていないのである。また，村松らの研究では，利益団体の主観的影響力の認知＝実際の影響力と想定していたのに対し，京の研究では関係するアクターの政策選好を設定しつつ，政策帰結に与えるその他の変数をコントロールして利益団体の影響力をより客観的に捉えようとしていることも特徴の一つである。しかし，京の研究では，具体的事例ごとに旧文部省や文化庁の具体的な政策選好を設定しており，得られた知見を他の政策事例や他の官庁に関係する政策領域に応用することが難しい。ただ，京が「さらなる分析につながる問い」として提示している「なぜ官庁が自身の選好ではなく利益集団の選好を取り入れた政策案を提示することがあるのか。どのような場合に利益団体が政策形成に対する影響力を及ぼせるのか」という問いには共感するところが多い。

京は別稿で「さらなる分析につながる問い」，すなわち，利益団体が政策帰結に与える影響力のバリエーションを規定する要因は何か，という問いについても考察を進めている（京 2010b）。その結果，「利益集団が影響力を持つか否かは，政策案修正から政権党が得られる利益と発生するコストの大

小，そしてそれを考慮する官庁の戦略的行動によって左右される。利益集団がロビイングを行い，政権党が政策案を修正することを，官庁に対する『有効な脅し』として認識させ，官庁がそれに対応する戦略的行動をとるときに，利益集団は政策に対する影響力を及ぼすことができる」（京 2009b：76）という結論が導かれている。この研究も，官庁・利益団体・政権党による戦略的相互作用に着眼した分析である点では京による前稿と変わりはない。また，官庁アクターである文化庁の目標となる利益を「官庁の合理的行動に関する先行研究に依拠し，組織存続であると仮定する」としている。具体的には，京による前稿と共通する文化庁の政策利益が仮定されている。以下の記述から分かるように，「いかなる条件が揃えば，各府省がパブリック・コメント手続を通じて提出された意見に沿って規制案を修正するのか」という観点から分析を行うという意味では，本書は京と同様の問題関心を有している。京の本書との差異は，「条件」のなかにアクター間の戦略的相互作用（本書の用語でいえば行政官僚制の対外的関係）のみならず行政官僚制内部の構造的要因（図表 2-1 の①）を含めている点である。

(3) パブリック・コメント手続の実証研究

　最後に，(3)に相当するのが山本英弘による利益団体研究である。この研究は，先に言及した石生の研究と同様，大規模なサーベイ調査に基づいた利益団体のロビイングとその行政官僚制への影響力についての研究である（山本（英）2009）。山本による研究が本書の立場から興味深いのは，ナオイらと同様に，ロビイングのルートや戦術を論じる際，中央府省への直接的な戦術（インサイド戦術）のうちの一つとして「パブリック・コメント」に言及し，他のルートや戦術と比較した利用頻度を問うている点にある。この研究は，利益団体が用いるロビイング戦術としてパブリック・コメント手続に言及する数少ない研究の一つである。JIGS の結果（2006(平 18)～2007(平 19)年調査）によれば，ロビイング手段としてのパブリック・コメント手続等の利用について「非常に頻繁」，「頻繁」，及び「ある程度」と答えた割合の総和は 23.7％であり，「中央省庁との接触」（39％）や「技術的，専門的情報や知識

等の提供」(33.7％)に比べるとさほど利用されていないという(山本(英)2009：48-49)。この分析結果は，オフィシャルなパブリック・コメント手続とこれに先立つ規制案の作成過程をともに視野に入れた分析を行おうとする本書の立場からすれば非常に興味深い。山本(英)のいう「技術的，専門的情報や知識等の提供」の全てが命令等案の作成に向けられたものではないにせよ，パブリック・コメント手続の利用よりも利用頻度が高いことは，後に行う本書の分析結果と親和的である。ただ，この研究でも行政官僚制がロビイングの客体としてのみ扱われている点では，さきに取りあげたナオミらの研究と同一の課題が残っている。

　また，(3)に相当する研究のうちパブリック・コメント手続そのものの機能に着眼する興味深い研究が，商法学者・森田　果による会社法改正案に係る旧意見提出手続の計量分析(森田2005)である。森田の研究は，筆者による本書のもとになった2篇の論稿(原田2006a；原田2006b)を除けば，日本の中央政府レヴェルにおけるパブリック・コメント手続の機能に関する唯一の実証分析である。この研究では，2002(平14)年会社法改正のベースとなった「中間試案」及び2005(平17)年会社法改正のベースとなった「現代化試案」について法務省に寄せられた100前後の団体からの個別意見を活用して，各アクターが法案修正にどの程度の影響力を行使しているか等を検証している。その結論として，「パブリック・コメント手続で集められた意見が，その後の法案制定に与える影響はさほど大きいものではない」こと，これに対して「利害対立が比較的深刻とならないようなテクニカルな提案については，個別的な意見が――その意見に説得力がある限り――反映される可能性が出てくる」こと，さらに「利益集団等の圧力に対抗して自らが『公益』と考える政策目的を実現するために，法務省スタッフがパブリック・コメントを通して集められた意見を防波堤のように活用している可能性がある」ことを指摘している。また，その研究手法は，プロビット分析等を用いて，意見を提出した経済界・学界・法曹実務家といったアクターごとの法案に対する影響力を測定している点で，後述するアメリカ政治学・行政学と軌を一にしている。

第Ⅰ部　パブリック・コメント手続の理論研究

　しかし，森田が考察対象としたのは，旧閣議決定の射程外である会社法案についてのパブリック・コメント手続であったため，規制に相当する政省令等の制定にあたって各府省が直面している政治的・社会的諸条件を考察に含めることができない。また，同法案は学会・法曹実務家・国内外の企業など多数かつ広範な利害関係団体・専門家集団の関心を集めるものであり，各府省が日常的に行っている政省令等の制定活動とはかけ離れている。そのために，得られた分析結果を政省令等案のパブリック・コメント手続の議論として一般化しづらいという難点がある。さらに，森田が採用する分析手法についてであるが，分析にあたっては誰がどのような意見を提出したかが判別可能なデータ・セットを（幸運にも）利用することが可能であった。しかし，閣議決定に基づく旧意見提出手続及び現行の意見公募手続では，意見を提出した主体が誰であるかは（情報公開法に基づく開示請求を行っても）特定不可能[31]であり，同氏のリサーチ・デザインに倣うことがそもそも困難である。

(4) パブリック・コメント手続に関するその他の研究

　なお，上記3つの研究系譜に属さないパブリック・コメント手続に関する行政学的研究も存在する。例えば，藤原真史は，イギリスのコンサルテーションの仕組みを参考に，「〔政策決定の〕最終段階のいわば行政手続的なPC手続〔パブリック・コメント手続〕だけではなく，潜在的な意見・情報の提出者が広範囲にわたり，一定以上の影響を及ぼすことが予想されるような案件を中心に，より早期に柔軟なかたちでのPC手続，言うなれば早期の事前告知型あるいは英国のコンサルテーション型のPC手続を積極的に実施すること」（藤原2009：111。なお，括弧内筆者）を提言している。さらに，「そうした早期のPC手続が一定の共通ルールに則ることは不可欠であり，現行

---

[31] 案件によってはいかなるアクターがどのような意見を提出したかを類型化して示している場合もあるが，網羅的な対応ではない。また，内閣府情報公開審査会2002（平14）年11月19日答申（http://www8.cao.go.jp/jyouhou/tousin/008-h14/343.pdf）では，意見の提出主体を公表すれば，今後のパブリック・コメント手続において国民からの率直な意見の提出が得られなくなる等の理由で非開示とされた。

第3章　パブリック・コメント手続に関する先行研究

の制度がその障害となるのであれば，こうした2つのPC手続，すなわち早期型と最終型を包含する方向での制度改正も必要であろう」とも述べている。しかし，藤原も筆者による前稿（原田2006b）等を引用しながらパブリック・コメント手続を通じた政省令案等の（実質的）修正が少ないことを述べるにとどまり，その原因についてエビデンスを示しつつ分析をしているわけではない。

　また，真渕　勝は，近年上梓された行政学の教科書のなかで，筆者による前稿（原田2006b）を肯定的に引用しつつ，パブリック・コメント手続における市民参加について以下のように述べている。「筆者〔真渕〕たちの行った官僚調査では，官僚たちは以前に比べて市民参加を格段に高く評価するようになっていることが明らかにされている。しかし，〔筆者が前稿で示した〕パブリック・コメントの効果と突き合わせると，そのような市民参加への高い評価はなお抽象的なレヴェルのものにとどまっているように思われる。個々の国民による行政の監視の能力はやはり限られているというべきではないだろうか」。他方で，真渕はパブリック・コメント手続が一定の効果を持つことも付言している。曰く，「もちろんパブリック・コメントという制度の存在自体が，行政を独りよがりにさせない効果を持っている可能性は否定できない。ある種の抑止力として，行政を慎重に振る舞わせる効果はあるであろう。すなわち，行政は個人，企業，団体からの反応を予測した上で，法案などを作成し，パブリック・コメントにかけている可能性はある」（真渕2009：283-284。なお，括弧内筆者）。

　その他，行政法学者によるパブリック・コメント手続研究も複数存在する。しかし，行政法学者の関心は，パブリック・コメント手続の法制化やこれに伴うパブリック・コメント手続の対象範囲の拡大の可否，さらには手続的瑕疵の救済方法など，制度設計あるいは法解釈レヴェルに限定されてきた（例えば，常岡2006；宇賀2006）。これは，旧閣議決定の段階からパブリック・コメント手続の制度設計に際して行政法学者が参画したり意見を積極的に述べたりしてきたこととも関係する（白岩2005a：10）。

このように，日本におけるパブリック・コメント手続については，上述した閣議決定から10年以上が経過しパブリック・コメント手続が行政手続法の一部として法制化されたにもかかわらず，実証研究が十分に進んでいない。日本の行政学が行政手続の分野のなかで関心を寄せてきたのは主として行政指導（例えば，大山1996；新藤1992）であり，また，時期的には行政指導が行政手続法に規定されるまでの1990年代前半までであった。しかも，前述したアメリカ政治学における官僚制の政治的コントロール論についてはしばしば援用あるいは参照されるものの，コントロール発動の契機の一つであるパブリック・コメント手続についてまで関心が及ぶことはなかった。他方で，アメリカでは，APAにおける「告知とコメント」条項を通じた利益団体の影響力について実証的な研究が蓄積されてきた。

 そこで，次節では，アメリカ政治学・行政学における研究動向に目を向け，次章以降で日本におけるパブリック・コメント手続の実証分析を行う際の手がかりを得ることにしよう。

第2節　アメリカにおけるパブリック・コメント手続の実証分析

(1) アメリカにおける「制度選択の政治学」とAPA

 さて，アメリカの連邦政府は，1990年～2005年の16年間において年平均720件程度の規則を制定している（Yackee and Yackee 2010：268‐269）。APA553条(b)は，かかる「規則を制定しようとするときには，連邦公報（federal register）に公告しなければならない」と定め，同(c)は，「本条により定められた告知（notice）を行った後，行政機関は利害関係人（interested persons）に対し，文書による資料，意見もしくは弁論の提出により規則制定に参加する機会を与えなければならない」と規定している。アメリカ政治学・行政学が，この「告知とコメント」条項が現実に果たしている機能，とりわけ提出された意見が規則案に与える影響について実証的に研究を始めたのは1990年代中頃になってからである。

 さて，日本のパブリック・コメント手続研究を念頭に置いた上でアメリ

第3章　パブリック・コメント手続に関する先行研究

カ政治学・行政学のパブリック・コメント手続研究の第1の特徴を挙げるならば，パブリック・コメント手続が，利益団体論の文脈のなかで，あるいは国家機関に対するロビイングの1類型として論じられていることである。アメリカにおける規則制定研究の第一人者であるカーウィン（Kerwin 2003：178）は，「大半の事案では規則制定への参加者は，集団，組織，企業及びその他の政府機関である」と述べている。なぜならば，企業・団体等が持っている各種リソース（財源，人員，技術，情報等）がなければ，行政機関による膨大な規則案に日々目を光らせ，的確なコメントや対案を短時間にまとめ上げることはできないからである。例えば，アメリカの利益団体は，ロビイング会社と契約して彼らに政府の特定の政策について継続的にモニターさせている（Furlong 2005a：284）。

　次に，パブリック・コメント手続研究に関するアメリカ政治学・行政学の第2の特徴は，「告知とコメント」条項の実際の機能を分析する上で，APAの規則制定手続がどのように形成されてきたのかという「制度選択（institutional choice）」の視点から議論が開始された点である（West 2005）。

　例えば，モーは規則制定手続の構造を，規則の内容に関して対立する社会的諸利益によるバーゲニングの結果だと理解する[32]。彼のアプローチは，「利益団体を戦略的行為者として扱い，彼らの計算と要求が政治構造のなかにどのように変換されるかを明らかにする」（Moe 1997；モー 2001）というものである。彼によれば，「公共機関はどうやって生まれてくるかを考えてみよう。それは，政治家の権威的行為によって創出される。彼らは，典型的にその機関が行うべきと定められているものに利害関係を持つ様々な社会的行為者の要求に応えているのである」（Moe 1990；モー 1997）と述べている。

　また，マカビンらは，政策内容の具体化や実施を委任（delegation）するプリンシパル（議会）がエージェント（官僚制）を政治的にコントロールする装置としてAPAを創出したと捉える。彼らの主張は，APAの「告知とコメント」手続が政治部門による官僚制コントロールの「火災報知器（fire-

---

32　モーの「官僚制の実証理論」については，河野 2002：176-178。

57

alarm)」(McCubbins and Schwartz 1984) の役割を果たしているというものである。既に第 2 章にて述べたように，彼らが依拠するプリンシパル・エージェント論の問題設定は，実施される政策内容に関する専門知識や代理人たる官僚制の行動に関する情報を十分持ち合わせていない政治家が官僚制を実効的にかつ低コストでいかにコントロールするかというところにある。その上で，彼らは，利益団体による「告知とコメント」条項を通じた規則への異議申立等が議会に対する「通報」の機能を果たすことで，議会による実効的で低コストの官僚制コントロールが実現されると主張する。すなわち，「憲法の司法解釈や行政の公平性というコモンローの諸原理からは導かれない大半の行政法は，選挙によって選出された政治家による政策形成の統制という目的のために書かれているのである」(McCubbins et al. 1987：246)。APA もその例に漏れず，政治的コントロールを強化する「政治的文書」(McCubbins et al. 1987：256) に他ならないという[33]。

　ここで彼らの議論につき立ち入った分析を行うことは，日本のパブリック・コメント手続の実証分析にあたってアメリカ政治学・行政学から示唆を得ようとする本書の意図するところではない。本書が制度選択の政治学に関する上記の考え方から学ぶべきことは，パブリック・コメント手続の機能をその社会的・政治的文脈の中にしかと定位した上で分析しなければならないということである。日本のパブリック・コメント手続に関して社会的文脈が重要なのは，第 4 章にて詳述するように，オフィシャルなパブリック・コメント手続に先だつ規制案作成段階において，各府省が日常的に接している企業・団体等から積極的に意見聴取を行ってきたためである（パブリック・コメント手続の機能についての社会的制約）。また，日本のパブリック・コメント手続に関して政治的文脈が重要なのは，第 5 章にて言及するように，法律案に係る与党審査あるいは国会審議において命令等案の内容についての質疑応答がなされ，その段階で命令等の内容が事実上確定されるためである（パ

---

[33] 議会による利益団体を利用したコントロールの理論については，参照，曽我 2005：47-49。

ブリック・コメント手続の機能についての政治的制約)。

　しかし，アメリカにおける上記のタイプの研究では，APA制定に至る歴史的経緯を辿ったり議会との関係からパブリック・コメント手続を眺めたりするにとどまり，パブリック・コメント手続を通じて利益団体が行政官僚制の行動に対して直接的に与えている影響力を実証的に分析しているわけではない。そのため，(2)以下では，こうした既存研究の到達点と限界を踏まえて，1990年代中葉に始まるパブリック・コメント手続の実証研究の動向をフォローしてみよう。

(2) パブリック・コメント手続と参加に関する理論的一般化 ─────

　すでに触れたように，アメリカにおけるパブリック・コメント手続の実証分析は，近年，各種の政治・行政専門誌において積極的に展開されるようになってきており，利益団体研究における最も新しい傾向だと言われる（Furlong 2005a：282）。ここではその代表的な研究について，研究対象，研究手法及び研究成果の3点を中心に整理し，以て次章での日本におけるパブリック・コメント手続の実証分析にあたって有用な知見を得ることにしたい。

　まず取り上げるべきは，『規則制定』（Kerwin 2003. 初版は1994年）に代表されるカーウィンによる一連の研究である。彼の研究は，規則制定手続における利益団体の役割やその影響力について包括的分析を行った，アメリカにおける最初の研究である。パブリック・コメント手続を通じた利益団体の影響力行使に関する従来の研究はケース・スタディのレヴェルにとどまっていた。これに対して，彼は，フュアロング（参照，Furlong 2005b）とともに，ワシントンに代表部を有する利益団体に対して実施した2度（1992年及び2002年）のサーベイ調査に基づいてパブリック・コメント手続を通じた参加に関する理論的一般化を試みた。その結果，非常に多くの利益団体（とりわけ企業）がパブリック・コメント手続に参画していることを明らかにした。また，パブリック・コメント手続に参加したことのある利益団体のうち80％以上が自らの影響力は非常に効果的だと肯定的に捉えていることも明

らかにした。さらに，利益団体はオフィシャルなパブリック・コメント手続に先立って行政機関と直接接触する機会を持つことが多いことも指摘されている。ただ，利益団体が他の主体に比べてより強い影響力を行使しているわけではないとも付け加えている。

　彼らの研究に対しては，ワシントンに事務所を持たない利益団体からもパブリック・コメント手続を通じて多くの意見が提出されているため，サーベイ調査の対象に偏りがあると指摘された。また，サーベイ・データを用いた影響力行使の分析では，多くのリソースを投入してロビイングしている利益団体は自らの影響力行使について幾分過大な評価をしがちであり，逆に効果的なロビイングを受けていることを認めたくない行政機関側は利益団体の影響力について過少に評価しがちであるという問題点が指摘されている（Golden 1998；なお，ゴールデンの指摘を受けた点については，第2回調査において幾分改善された）。さらに，公示された規則案が誰から提出された意見を受けてどの程度修正されたかを直接観察するほうが，利益団体による影響力の行使をより正確に捉えることができるという批判もあり得よう。とはいえ，カーウィンらの研究は，利益団体による直接的な影響力行使のルートとしてのパブリック・コメント手続の実証分析に先鞭をつけ，しかも，個別の規制案の内容や行政機関の行動特性に左右されない理論の一般化を目指した点で評価できる。

　また，上記研究と関連して，パブリック・コメント手続に寄せられた意見の多寡が行政機関による規制案の修正に積極的に作用するか否かについて，ブール代数法を用いて分析したシャピロの研究（Shapiro 2008）がある。彼は，健康及びヒューマン・サービス関係の2つの行政機関が公表した9つの規則案を素材に，さほど政治的にサイリアントではなくかつ高度に複雑な規則案に対しては，行政機関は提出された意見のうち最も多数を占める割合のそれに影響を受けやすいことを指摘した。たしかに，ブール代数法は分析する対象が限られている場合には論理的に結論を導く上で望ましい分析方法なのかもしれない。しかし，この分析結果を理論的に一般化するにはやはり別の方法が必要であろう。とはいえ，パブリック・コメント手続を通じて提出

される意見の多寡を説明変数とすること自体は，我が国のパブリック・コメント手続の機能を分析する上で参考になる。なぜならば，我が国のパブリック・コメント手続では，既に述べたように誰がいかなる規制案に意見を提出したかについては通常公開されない。そのため，意見提出者の属性という説明変数と機能的に代替可能な説明変数としては，第5章で後述するように提出意見の多寡が有力だからである。

(3) 計量分析による「ビジネス・バイアス」の確認

　パブリック・コメント手続の実証分析を行う場合，カーウィンのようにサーベイ・データを使ってパブリック・コメント手続を通じた利益団体の影響力を間接的に測定するという手法以外に，各アクターによって提出された意見と規制の最終案とを比較することで利益団体の影響力を直接測定する方法が考えられる。

　例えば，ゴールデン（Golden 1998）は連邦環境保護庁など3つの行政機関が実施した11件のパブリック・コメント手続を素材に，誰が意見を提出したのか，どの程度規則案が修正されたのか，そして誰の主張が聞き入れられたのかを分析している。その結果，カーウィンと同様に意見を提出しているアクターの大半は利益団体であること（市民のパブリック・コメント手続への参加は限られていること），しかし，企業が他のアクターに勝る影響力を行使するわけではないこと，結論として，行政機関は規則の本質的な部分での修正に応じてはいないことを主張している。また，バラ（Balla 1998）は，医療診療報酬制度改革に関する2つの規則案を素材に，医療関係者のうちいかなる集団から提出された意見が最終的な報酬額にどの程度の影響を及ぼしたのかを回帰分析を用いて検証している。その結果，当該制度を所管する連邦医療財務庁が，議会が当初の案で配慮しようとしていた集団とは異なる集団の利益に配慮した修正を行ったことが示されている。

　しかし，ゴールデンの研究では11のケースから得られた知見がどの程度連邦行政機関全体の特徴を表すのか判然とせず，また，データから印象論的に結論を導いているなどの方法論的問題が残る。バラの研究についても，診

療報酬制度が政治的サイリアンスの高い事案であり，行政機関の日常的な規則制定活動と同一視してよいかという問題を指摘することが可能である。しかも，説明変数（例えば，意見の多寡や集団の財政力）及び被説明変数（報酬額の変化）がともに量的変数であり，非数量的な変化（例：意見に基づく規則案の修正の有無や規制緩和あるいは規制強化の程度）を伴う分析には応用が難しいという難点がある。

　ヤッキーらは，これらの課題を克服すべく，より洗練された方法でパブリック・コメント手続の計量分析を行っている（Yackee 2006；Yackee and Yackee 2006. 以下では，主として後者の文献に依拠する）。彼女らは，5つの連邦行政機関による40件の規則案に対して寄せられた1693件の分析を行い，カーウィンやゴールデンの主張とは反対に，行政機関が企業等からの意見により強い影響を受けているという「ビジネス・バイアス（bias toward business）」の存在を実証した。彼女らは，考察の対象として，政治的サイリアンスが低いと考えられる，意見・情報数が2件以上200件以内の規則案を選択した。分析にあたっては，説明変数を企業・団体，州・地方自治体，その他（研究者・組合・シンクタンク等）の3アクターから提出された意見（個々の内容を「規制強化」，「変更無し」，「規制緩和」の3段階にコード化し，アクターごとの平均スコアを算出）とした。また，被説明変数をパブリック・コメント手続に付された規則原案と最終案との変更の度合い（同じく「規制強化」，「変更無し」，「規制緩和」の3段階にコード化）と設定した。その上で，彼女らは順序プロビット分析を行っている。その結果，企業・団体からの意見が最も多く，かつ（他の主体からの意見と競合した場合でも）最終案の内容に直接の影響を与えていることを検証している。これらとあわせて，彼女らは，規則案に対する全ての意見のうち企業・団体から提出されたそれの割合が高ければ高いほど行政機関は規則案を（主として規制緩和の方向に）修正することも実証している。この研究と関連して，彼女らは，複数の利益団体によるロビイング活動が規則案に関して対立的・競合的な場合，行政機関はどのように対処するかについて分析した論考も公表している。そこでは，上述したシャピロの研究と同様に，行政機関は規則案に対する各種の意見のうち

量的に支配的であった意見を尊重する傾向が確認されたという（McKay and Yackee 2007）。

彼女らの研究は，先行研究より多くの規則案を対象に含めている点や，また被説明変数が質的変数（とりわけ「修正あり」「修正なし」の2値変数）である場合に効果的な計量分析手法を採用している点で，先行研究の課題の多くを克服していると評価できる。しかし，行政学のレゾン・デートルに相応しい説明変数・被説明変数を設定しようとする本書の見解からすれば，彼女らがパブリック・コメント手続における原案修正に関し，社会的・政治的アクターの意見提出という外部からの影響力の行使にのみ着眼して説明変数を設定し，行政官僚制内部の構造的要素に関心を向けていないのは依然として問題である。

(4) パブリック・コメント手続に先立つインフォーマルな交渉過程への関心 ―

これまで取り上げてきた諸研究が，オフィシャルなパブリック・コメント手続に焦点を当てそこでの利益団体の影響力の程度を捉えようとするものであったのに対し，オフィシャルなパブリック・コメント手続に先行するインフォーマルな交渉プロセスにまで分析の範囲を広げたのがウェストである（West 2004；West 2005）。ウェストは，14の連邦行政機関による42の規則案について担当者等へのインタビュー調査を基にした分析を行っている。その結果，多くの場合，オフィシャルなパブリック・コメント手続に先だって利害関係者の意向を聴取するインフォーマルなコミュニケーション過程の存在が確認されたという。逆に，実質的な修正を伴った16件の規則案のうち，パブリック・コメント手続を通じて新たに得られた意見によって修正に至ったのはわずか1件であったという。その結果，ウェストは，以下のように，オフィシャルなパブリック・コメント手続における参加の機能を限定的に捉えている。曰く，「パブリック・コメント手続は，告知される規則案の作成過程で十分な考慮が払われなかった諸利益の表出という意味を有している。このため，パブリック・コメント手続は重要な利害関係者と交渉を行う行政機関職員の過誤のチェックや，確立したサブシステムにおける諸関係に内在

する偏狭さのチェックの機会を提供しうる」(West 2004：71)。

　ウェストは最新の論文においても「行政機関はしばしば相当なリソースを投入して，連邦広報に規則案を載せる前の段階で大半の重要な問題を解決してきた」(West 2009：577) と述べ，「告知に先立つ参加 (pre-notice participation)」の重要性を指摘している。その際彼は，「告知に先立つ参加の特徴——そのタイミング，内容及び参加を生じさせるメカニズム——はかなりの程度行政機関によって異なるし，同一の行政機関でも対象となる規則案によって異なる」とも述べている。

　ウェストの所論には，ヤッキーらのような分析手法の洗練さはないが，オフィシャルなパブリック・コメント手続を通じて提出された利益団体の意見のみならずこの手続に先行する規制原案作成のインフォーマルな交渉過程に目を向けた点で評価できる。しかし，行政官僚制内部の構造的要素を説明変数に追加すべきだという本書の視点からすれば，ウェストの研究もヤッキーらの研究と同様，依然として課題が残る。

　なお，ウェストによる指摘を受けて，オフィシャルなパブリック・コメント手続に先立つ規則案作成段階にも目を向け，しかもこの局面における計量分析を試みたのがノートンらの研究である (Naughton et al. 2009)。彼らは APA における「規則案制定事前告知 (advance notice of proposed rulemaking)」という手続に着目して，規則案作成段階における外部アクターの影響力を分析している。この手続は，規則制定の初期段階において特定の規則がもたらす問題等を提示した上で利害関係者からの意見を求める手続である。彼らは，規則案の作成段階においても「早起きは三文の徳 (the early bird often gets the worm)」が成り立つこと——すなわち，初期段階に意見提出すればするほど修正される割合が高くなる——を，計量分析を通じて実証している。その理由は，彼らによれば，規則制定の初期段階では官僚側には情報・技術的データの収集や当該規則がもたらす帰結に関心があり，この段階で提出される意見には積極的に耳を傾けるからであるという。なるほど，APA における「規則案制定事前告知」という手続がそう頻繁には用いられない特殊な手続であるため，この結論をどの程度一般化できるかについては

留保が必要である。しかし，彼らの研究は，規制政策における「早起き鳥（early bird）」としてのアクターの影響力を分析することにより，市民参加手段としてのパブリック・コメント手続の機能，ひいては一国の民主主義の機能を理解する上で重要な示唆を与えている（Naughton et al. 2009：274）。この点については，パブリック・コメント手続の具体的な改革方策とあわせて最終章で再び論じることにしよう。

　以上述べてきたアメリカにおけるパブリック・コメント手続の実証分析から我々が学びうる点を要約すれば，(1)個別の規則案に関する説明にとどまらない理論の一般化が志向されるべきであること，(2)「ビジネス・バイアス」論に代表されるアクターごとの影響力が（できれば計量的に）検証されるべきこと，そして(3)オフィシャルなパブリック・コメント手続のみならずこれに先行する利害関係者とのインフォーマルな交渉過程にも視野を広げて分析を行うこと，の3点である。他方で，アメリカにおけるパブリック・コメント手続の研究では行政官僚制内部への関心が乏しく，この点を意識的に取り入れた実証分析が必要であることも明らかになった。

　そこで，第4章・第5章では，内外の先行研究の成果と課題とを意識しながら，日本におけるパブリック・コメント手続の実証分析に取り組むことにしよう。特に，「規則制定への参加の適切な検証は，告知・聴聞とこれらに先立つインフォーマルなプロセスとの相互関係（interrelationship）を考慮すべきだ」（West 2009：591）という指摘に倣いつつ，パブリック・コメント手続に先立つ規制案作成段階という局面とオフィシャルなパブリック・コメント手続との2つに区分した上で，各府省の政省令等制定手続に影響を与える要素が何かを分析したい。

◆ 第Ⅱ部 ◆

パブリック・コメント手続の実証分析

◆第4章
規制案作成段階における行政官僚制の行動

第1節　仮説の設定
第2節　仮説の検証
第3節　パブリック・コメント手続の機能からみた PSE 問題
〈補　論〉「プレ接触」と法令適用事前確認手続の機能

　第1部では，行政学の視点からパブリック・コメント手続の機能を記述・分析する場合，被説明変数を単にオフィシャルなパブリック・コメント手続における規制案の修正率とするのではなく，これに先行する規制案の作成段階にも視野を広げるべきことを述べた。換言すれば，オフィシャルなパブリック・コメント手続の機能を記述・分析する前に，規制案作成段階における行政官僚制の行動とパブリック・コメント手続を通じて提出される意見の多寡との関係について論じておかねばならないのである。
　そこで本章では，第1章で取りあげた，パブリック・コメント手続を通じて提出される意見数の少なさの原因について，複数の仮説を設定しその優劣を検討する。その上で，日常的に各府省と接している企業・団体等はパブリック・コメント手続に先立つ規制案作成段階において実施される「プレ接触」を通じて意見聴取されているため，積極的に意見を提出しない傾向にあることを実証したい。

第1節　仮説の設定

　本節では，パブリック・コメント手続に提出される意見数の少なさが何に起因するかについての仮説を設定する。
　さて，案を修正させるポテンシャルの高い意見を提出するには，規制案に

ついて専門・技術的な視点から分析・評価するとともに意見の信頼性を裏付けるデータを収集し資料等を作成する等の作業を，限られた期間内に行いうる各種リソース（財源，人員，情報，技術等）が必要となる。したがって，修正ポテンシャルの高い意見の作成・提出能力という点では企業・団体等が一般市民に比べて圧倒的に優位である。例えば，真渕　勝は，ダイオキシン類対策特別措置法に基づく施行令に関するパブリック・コメント手続等を例に出した上で，「政策や施策の立案にはそれなりの予備知識が必要であり，そのような政策や施策は国・地方を通じて，文字通り無数に展開されている。一般国民が，行政を監視して意味のある発言をできる分野はきわめて限られている」と述べ，一般市民による「行政参加の限界」を指摘している（真渕2004：192-193）。また，第3章で述べたアメリカにおけるパブリック・コメント手続の分析においても，提出される意見の大半が企業・団体等からのそれであること，しかもヤッキーらの研究では企業・団体等から提出される意見が多ければ多いほど規則案が修正される割合が高まると指摘されていたところである。

　なるほど，日本においてパブリック・コメント手続を通じて提出される意見が少ないのは，規制案のなかに企業・団体等の利害に実質的に影響を及ぼさない形式的・技術的なものが一定程度存在することが挙げられるかもしれない。しかし，2001(平13)～2008(平20)年度におけるパブリック・コメント手続のうち「意見なし」であった約4割（図表1-6）の規制案全てが，企業・団体等の利害に関わらない規制案と断定するのは困難であろう。むしろ，本来であれば意見総数の相当部分を占めるはずの企業・団体等からの意見が何らかの理由でパブリック・コメント手続を通じて積極的に提出されていないと考えるのが自然である。それでは，企業・団体等がパブリック・コメント手続を通じて積極的に意見を提出しないのはなぜであろうか。

　この点に関する仮説は，企業・団体等がパブリック・コメント手続を通じて意見を提出するに至るにはどのような条件を満たしていなければならないかという観点から設定可能である。すなわち，企業・団体等は，①まず，自らの権利・利益に関わるあるいは関心事項に含まれる規制案がパブリック・

コメント手続にかけられていることを知っていなければならず，②その上で，限られた期間内に規制案の内容を分析し，これに対する的確な意見をまとめ上げる能力が備わっていなければならず，③さらに，まとめ上げた意見をパブリック・コメント手続を通じて提出しようとする意欲を有していなければならない。これら順を追って必要となる「情報」「能力」「意欲」という3要素をもとに類型化すれば，図表4-1で示す3つの異なる仮説が設定される。

図表4-1：意見提出のための3条件から類型化した3つの仮説

	情報	能力	意欲
仮説1	×		
仮説2	○	×	
仮説3	○	○	×

出典：筆者作成

このうち第1の仮説は，「能力」や「意欲」以前に，パブリック・コメント手続の制度そのものあるいは自らの権利・利益に関わる規制案がパブリック・コメント手続にかけられていることを知らないために，結果として意見・情報を出せないことが多いというものである。この仮説は，既に引用した2007(平19)年度「国民生活選好度調査」（第1章第2節）で示された国民のパブリック・コメント手続についての認知度の低さと親和的である。

次に，第2の仮説は，パブリック・コメント手続の制度そのものあるいは自らの権利・利益に関わる規制案がパブリック・コメント手続にかけられていることは知っているが，規制案及び添付資料等が膨大であったり内容が専門技術的であったりするために，規制案が自らの権利・利益にどのような影響を及ぼすかを十分理解できず，結果として意見を出せないというものである。ただ，第1及び第2の仮説はいずれも情報の非対称性に関わるために，ここでは2つの仮説を統合して「情報の非対称性による未提出」仮説と呼ぶことにする。

この立場に比較的近い見解を示していると思われるのが，NIRAによる

「政策市場の実現性研究」(NIRA 2001) である。NIRA は, 2000(平12)年3月に地方のシンクタンク133機関及びその研究員に実施したアンケート結果に基づいて, パブリック・コメント手続そのものが十分に知られていないこと以外に, 規制案件の内容や関連資料が難解で分かりづらいといった点を指摘している。

　しかし, 予算編成等の局面ではかなりの頻度で行政に働きかけを行ってきた日本の企業・団体等が (既に制度施行後一定期間を経過した) パブリック・コメント手続そのものや当該手続にかけられている規制案のみ不知になりがちであるとは考えがたい。また, 人は一般に「利得」よりは「損失」により強く反応する傾向があるから, 自らの権利・利益にマイナスに働きかける規制に企業・団体等が無頓着であり続けるとは考えがたい。この点は, 第3章で引用した石生の研究でも実証されているところである (石生2002)。さらに, 旧意見提出手続の閣議決定 (2 意見提出の手続(3)公表方法) において「専門家, 利害関係人には, 必要に応じ, 適宜周知に努める」ことと規定され, 規制の名宛人が明確であればあるほど, 各府省による「特別周知」により情報の非対称性を緩和する方策がとられている。この制度の趣旨は, 最終章で後述する国民生活審議会が公表した「消費者・生活者を主役とした行政への転換に向けて」(2008(平20)年4月3日) によれば,「事業者団体に対する説明が主である」[34] という。むしろ, 企業・団体等には規制案が自らの権利・利益にどのような影響が及ぶのかを分析・評価するに必要な各種リソースが備わっていると想定するのが自然である。したがって, この仮説では企業・団体等からの意見が少ないという現実を十分に説明できないと思われる。

　そこで, 企業・団体等は, 規制案がパブリック・コメント手続にかけられていることを承知し, かつ規制案を内容的に理解しているにもかかわらず, 意見をあえて積極的に提出していない (「意欲」の不存在) と捉える第3の仮説が登場することになる。この仮説を本書では「意図的な未提出」仮説と呼び, 以下でその妥当性を検証する。

34　www.caa.go.jp/seikatsu/shingikai/kokuseishin/iken-soutenken_dai21ji.pdf

第2節　仮説の検証

　先に引用した「状況調査」は，本書が依拠する「意図的な未提出」仮説を裏付けるデータを提供する（総務省行政管理局 2002～2005）。この調査によれば，2001（平 13）～ 2004（平 16）年度に実施されたパブリック・コメント手続全体のうち年度によって違いはあるが，20％前後のパブリック・コメント手続において先に述べた特別周知が行われている（図表 4－2）[35]。つまり，毎年度のパブリック・コメント手続全体のうち少なくとも 20％程度の案件では，誰が主たる規制客体か，あるいは当該規制案が誰の権利・利益に関係するかについて，各府省は当初から明確な認識を有しているということである。また，本来の制度趣旨から考えれば，各府省は特別周知した利害関係者等から規制案に対する積極的な意見提出を期待しているはずである。

　ところが，2001（平 13）～ 2004（平 16）年度に実施されたパブリック・コメント手続において特別周知された 363 件（但し，その 40％程度は農水省による，JAS 法に基づく品質表示基準についての規制案である）のうち，実際に特別周知が行われた主体から意見が提出されたのは 162 件である（図表 4－3。全体の 44.6 ％。2004（平 16）年度では 28.4 ％）。つまり，情報の非対称性が緩和された場合でも，府省から特別周知の必要ありと目された利害関係者等から常に意見が出されるわけではない。もちろん，府省から特別周知の必要ありと目された利害関係者等からすれば，許容できる範囲の規制案であったり，彼（女）らにとっては規制緩和になる規制案であったり，あるいは，規制案が軽微な規制あるいは形式的な規制であったりするために，彼（女）らが意見を出さない場合もあろう。そのため，特別周知がなされた場合に特別周知の相手方から提出される意見が少ないという一点だけでは，「意図的な未提出」仮

---

[35]　2001（平 13）年度及び 2002（平 14）年度の「状況調査」には，特別周知の相手方（「周知を図った者」）について記載がなされている。2001（平 13）年度では，103 件中 67 件（65 ％），2002（平 14）年度では，65 件中 58 件（89.2 ％）が「事業者・事業者団体」であった。

図表4-2：実施件数に占める特別周知の割合

出典：筆者作成

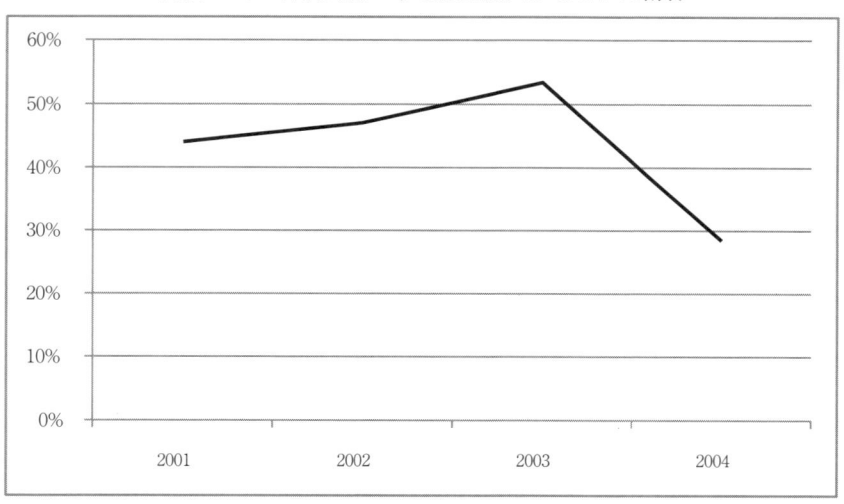

図表4-3：特別周知のうち意見提出がなされた割合

出典：筆者作成

説の妥当性を裏付けたことにはならないであろう。

　特別周知に関するデータと並んで筆者が注目するのは，「状況調査」における「意見募集期間が『30日』を下回る場合」に各府省が記述した「理由」の内容である。パブリック・コメント手続の旧閣議決定によれば，「意見・情報の募集期間については，意見・情報の提出に必要と判断される時間等を勘案し，1か月程度を一つの目安」とせよと定められていた。仮に，意見の募集期間が非常に短い期間しか設定されない場合には，意見の提出機会を実質的に奪うことにもなりかねない。そこで，「状況調査」には，意見募集期間が30日を下回った理由を具体的に記載させることになっていた。ここで興味深いのは，意見募集期間が30日を下回るに至った「理由」のなかに，パブリック・コメント手続を実施する前に，府省側から何らかのルートを通じて利害関係者等に事前に接触し意見を聴取したと断定あるいは推測できる記載が散見される点である。これらの事実を本書では「プレ接触」と呼ぶことにする。日本のオフィシャルなパブリック・コメント手続に先立つこの行政実務は，ウェストの表現で言えば「告知に先立つ参加（pre-notice participation）」（West 2009：587）に相当する。以下では，2001（平13）～2004（平16）年度の「状況調査」で記載された「プレ接触」に係る記載内容のうち，各年度10件ずつ示している。

(a)　2001（平13）年度
・当該「制度については，東京証券取引所の取引参加者から希望があったものであり……」（金融庁）
・「ワイヤレスカードシステムの無線局の免許処理については，平成13年度の経団連からの規制緩和要望において取り上げられており，既存の免許人や事業主体からもシステムの普及のために規定の整備を求められていた」ため（総務省）
・「本案件の内容……の関係者が本件に関連する事項に精通した特定のものに限られ，かつ，事前にそれらの者を対象とした説明会において当該法律及び関係政省令の概要を周知して」いるため（総務省）
・「事業主体およびヘリコプター運行会社から……免許申請についての相談，要望

・「が寄せられていた」ため（総務省）
・「同基準の適用対象となる授産施設を経営する団体等との調整に時間を要したため」（厚労省）
・「事前の関係者との調整において，本制度における利害関係者との意見交換が十分になされている」ため（厚労省）
・「関係漁業者団体等の説明に時間を要した」ため（農水省）
・「原案の作成段階から関係業界，関係自治体等との情報交換がなされており，事前に意見提出手続きと同等の効果を図っているため」（経産省）
・「パブリックコメントの手続以外の手段として，本省令改正は，学者，弁護士，消費者団体，ビジネス関係者，その他有識者20名弱で構成する消費者取引研究会における取りまとめを踏まえて行ったものであるため，その取りまとめの過程で広く関係者の意見が盛り込まれている」（経産省）
・「地元の主要な関係者……との調整を踏まえ」たものであるため（環境省）

(b)　2002(平14)年度
・「本件については，大半の内容……はすでに電波の利用状況の公表等に関する調査研究会における意見募集で利害関係者等から広く意見を収集」したため（総務省）
・「省令案の作成にあたって関係団体との調整が必要とされた」ため（法務省）
・「本手続の検討段階から，関係者と意見交換を行い，基本的事項については，コンセンサスの形成を行ってきた」ため（財務省）
・「この意見募集を行う際に……〔教科書〕基準検定等の改正に関係の深い教科書発行者の意見を十分に踏まえながら検討を行った」ため（文科省）
・「関係団体との調整に当初予定していた以上の時間」がかかったため（厚労省）
・「関連のある農薬製造業者と調整を十分に行った」ため（農水省）
・「〔省令〕改正に伴う対象となるべき事業者が少数のため，事前に事業者と調整を行っている」（経産省）
・「関係業界からも同趣旨の規制緩和要望が提出されていた」ため（経産省）
・「気象測器製造メーカー等関係者とは事前に十分調整した内容であるため」（国交省）

第 4 章　規制案作成段階における行政官僚制の行動

・「本件に係る関係者とは既に十分な意見交換を行っていたため」（環境省）

(c)　2003(平 15)年度
・「本件の改正に際し，関係する当事者が金融機関等に限られており，意見募集の前に既に十分な議論を尽くしていた」ため（内閣府）
・「本件の作成に当たり，関係者と十分に意見調整を重ねていた」ため（警察庁）
・「パブリックコメント前に，実態やニーズを把握するためのヒアリングを実施していたこと，さらには顧客（機関投資家）から，迅速に措置してほしいとのニーズが強かったため」（金融庁）
・「当該改正事項について，直接規制を受ける主体である関係業界に対しては，事前に改正案を提示し，意見交換等を行っていたため」（総務省）
・「本手続については，検討段階から関係者と事前に意見交換を行い，基本的事項のコンセンサスの形成に努めていた」ため（財務省）
・「医師から早期の治療の実現に向けた要望書が出される等，既に関係する者からの意見等を聴取して」いたため（文科省）
・「業界団体等の意見も反映したものであったため」（厚労省）
・「関係方面（全国農地保有合理化協会，全国農業会議所等の関係団体及び省内関係部局）との調整に時間を要したため」（農水省）
・「関係団体とは事前に調整を行っており，事実上問題ない」ため（国交省）
・「関係者とは既に十分な意見交換を行っていた」ため（環境省）

(d)　2004(平 16)年度
・「パブリックコメント前に，実態やニーズを把握するためのヒアリングを実施していた」ため（金融庁）
・「当該改正事項について，直接規制を受ける主体である関係業界については，事前に改正案を提示し，意見交換等を行ったため」（総務省）
・「本ライドラインの対象となる健保組合については，全健保組合を対象に事前に本ガイドライン案の説明会を行うことにより，周知と意見照会を行って」いたため（厚労省）
・「『保健所長の職務の在り方に関する検討会』を平成 15 年 3 月に設置し，関係団体からのヒアリング等」を行っていたため（厚労省）

77

- 「パブリックコメントにかけた改正案自体が水道事業体，登録検査機関及び分析機器メーカー等の水質検査機関からの意見をもとに作成されたものであり，既に広く意見を募った結果を反映させたものであったため」(厚労省)
- 「原案の作成団体において，動物用医薬品業界，地方公共団体等の関係諸団体との調整に時間を要したため」(農水省)
- 「規制改革要望を行った者（工業会）との意見調整を別途行っていた」ため（経産省)
- 「省令改正案の規制対象となる利害関係者は特定されており，こうした利害関係者の意見等を踏まえて改正案を作成したため」(経産省)
- 「本約款の改正作業は……細部に至るまで，旅行業界や消費者団体等との調整を重ねるなど，一連の改正過程を通じて関係者の意見の把握に努めてきた」ため（国交省）
- 「規制を受けることとなる者に対しては，事前に改正内容について周知を行ってきたため」(国交省)

　このように，各府省によって特定された利害関係者に周知を行ったり説明を行ったり了解を得たりするなどの「プレ接触」が行われた案件は，2001(平13)～2004(平16)年度では20～40件に上り，各年度の全実施件数のうち5～9％程度に相当する（図表4-4）。周知期間が30日以上の場合に利害関係者と「プレ接触」を行った事案もあり得るから，その実際の数がこの割合を上回ることは確実である。
　また，先に述べた行政手続法検討会が各府省に実施したヒアリング[36]のなかでも「プレ接触」の存在が明らかにされている。

- 意見募集の際に案を国民に理解してもらうための工夫として「意見を聴く会」を実施している（内閣府）

---

[36] 行政手続法検討会第1回ヒアリング会（2004(平16)年7月5日）議事概要，http://www.soumu.go.jp/main_sosiki/singi/chihou_seido/singi/kanri_5b.html；行政手続法検討会第2回ヒアリング会（2004(平16)年7月9日）議事概要，http://www.soumu.go.jp/main_sosiki/singi/chihou_seido/singi/kanri_6b.html

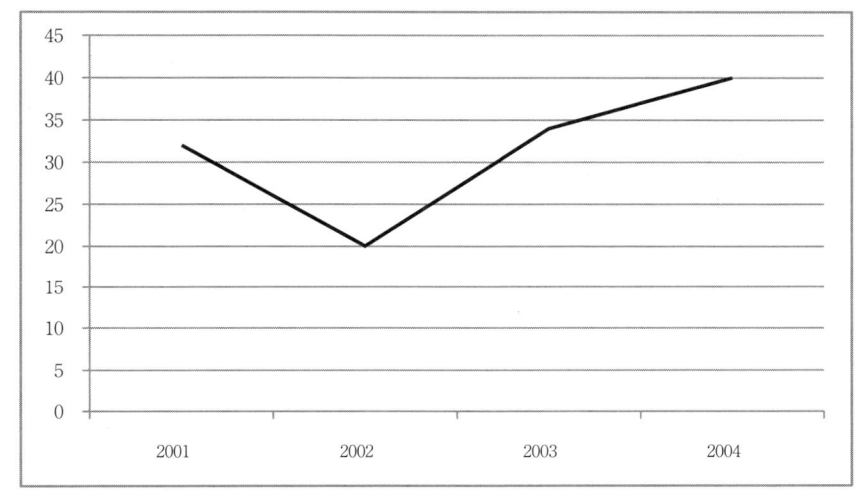

図表 4-4:「プレ接触」の実施件数の推移

出典:筆者作成。なお,縦軸は件数

- 独占禁止法の解釈（ガイドライン）についてのパブリック・コメント手続に際しては利害関係者に対し「事前にいろいろな形で情報提供している」のみならず、「利害関係者からは事前に意見を聴いている」（公取委）
- 風営法施行規則等改正に際しては「関係業界とは密接な意見交換を行い改正作業」を実施している（警察庁）
- 政令・内閣府令の作成に際しては「法案段階で各界からの要望を受け入れており、それは政令・府令にも反映されている。また、法案策定の前段階に業界団体を含めた有識者の入っている金融審議会で意見を聞くこともある」（金融庁）
- 業界団体や消費者等、案に関心があると思われる者から事前に意見聴取している（農水省）

　すなわち、企業・団体等の意見は、オフィシャルなパブリック・コメント手続に先行する規制案の作成段階で実施されるインフォーマルな交渉手続を通じて各府省によって斟酌されている。そのために、企業・団体等はあらためてパブリック・コメント手続を通じて意見を提出する必要に乏しいのであ

79

る。つまり，企業・団体等による「意図的な未提出」は「プレ接触」の産物なのである。

　さらに，「意図的な未提出」仮説を補強する事実として，パブリック・コメント手続の機能に代替しうる意見の提出手段の存在が挙げられる。これに相当するのは審議会等（研究会，懇談会，検討会等を含む）である。行政改革会議「最終報告」のなかにパブリック・コメント手続が位置づけられるに至ったのは，委員の一人であった藤田宙靖が指摘するように，審議会等の機能に対する強い不信感が原因の一つである（藤田 2006；同趣旨の指摘として，宇賀 1998：85）。そのため，パブリック・コメント手続は「最終報告」のなかでは「審議会等」の項目においてわざわざ取り上げられたのである。特に，①諮問事項等に直接的な利害関係を有する組織・団体が審議会委員の主たる供給源となっていること，②その審議過程が不透明であること，及び，③縦割り行政を助長すること等が問題視された。これを受けて，審議会等は，行政改革会議「最終報告」及び中央省庁等改革基本法を受けて削減が進められた。具体的には，「審議会等の整理合理化に関する基本的計画」(1999(平11)年4月27日閣議決定)[37]に基づき，2001(平13)年の省庁再編時には211あった審議会等がいったんは107（2005(平17)年3月末段階）にまで大幅に整理された。

　しかし，廃止された審議会の多くは統合されたその下部組織である「分科会」，「部会」あるいは「小委員会」として実質的に存続しており，審議会等の全体の活動量は省庁再編前と変わりないと推察される。逆に，2008(平20)年10月1日現在，審議会等の総数は115[38]であり最も少ない時期と比べて8つ増加している。審議会等のもとに設置された「分科会」あるいは「部会」の総数については，審議会等の整理・統合を所管してきた総務省行政管理局による網羅的な調査は行われていないものの，2005(平17)年2月段階では863を数えたという報道がある[39]。

37　http://www.kantei.go.jp/jp/kakugikettei/990524singikai.html
38　http://www.soumu.go.jp/main_sosiki/gyoukan/kanri/pdf/satei_01_04_01.pdf

また，1999(平11)年の閣議決定「審議会等の整理合理化に関する基本的計画」[40] によれば，審議会等の運営指針の一つとして「審議会等は，その調査審議に当たり，特に必要があると認めるときは，当該調査審議事項と密接に関連する利益を有する個人又は団体から意見を聴取する機会を設けるよう努めるものとする」とされた[41]。さらに，政策評価法施行令の一部改正により2007(平19)年10月より実施が義務づけられた規制影響分析（regulatory impact analysis）について，各行政機関が円滑かつ効率的に実施できるようその内容や手順等を示した標準的な指針である「規制の事前評価の実施に係るガイドライン」(2007(平19)年8月24日各府省政策評価連絡会議了承)[42] によれば，「データや情報の収集を促進し，また，規制を受ける側の遵守意識の向上を図る観点から，早期に規制の事前評価による分析内容について情報の提供または収集や意見の聴取（諸外国のコンサルテーション手続などを参考とする。）を行うことが望ましい」とされている（規制影響分析については第6章で詳述する）。

　そのため，仮に，利害関係者が委員として参画し十分な議論が重ねられる審議会等での審議事項，あるいは審議の過程で利害関係者等への意見聴取がなされる審議会等での審議事項とパブリック・コメント手続の対象案件が類似する場合には，パブリック・コメント手続を通じて提出される意見が減少する可能性がある。先に紹介した30日を下回る意見募集期間を設定した理由として，「当該政令改正の内容となる事項は，……検討委員会において検討を進めてきたものであり……検討委員会の審議結果については，中間まとめの段階で一般に公表し意見募集を行うなど，広く意見を受け入れる手続を既に実施してきたところ」と述べた府省もある。

　従来，日本の各府省は，法令案の作成段階等で（審議会等の場以外でも）

39　朝日新聞2005(平17)年2月27日朝刊1面。
40　http://www.kantei.go.jp/jp/kakugikettei/990524singikai.html
41　細野助博（2003：61）も，審議会等による「審議結果に対して適宜パブリックコメントの募集」が必要である旨指摘する。
42　http://www.soumu.go.jp/menu_news/s-news/2007/070824_1.html

専門家や企業・団体等から広く意見を聴取することを旨としてきた。賛否両論の案件であればあるほど，各府省は人海戦術で各方面に「ご説明」に上がってきたのである。従前の日本の官僚制の行動様式は，パブリック・コメント手続が整備された今日でもさほど変わりがない。その結果，パブリック・コメント手続に載せられる規制案は利害関係者等への一定の配慮を既に含んだ，熟度の高い「完成品」一歩手前という性格を帯びる。他方で，既に意見聴取され，場合によっては意見を採用された利害関係者等のオフィシャルなパブリック・コメント段階における関心は，政省令等の「書きぶり」，すなわち，法律レヴェルに含まれている利害関係者等への一定の配慮が政省令レヴェルにおいて十分ブレークダウンされているか否かだけに向けられることになる。

　もちろん，意見を採用されなかった利害関係者等も存在するであろうし，また彼(女)らはパブリック・コメント手続において再度自らの意見を公式に伝達することも可能である。しかし，インフォーマルな意見聴取段階で採用されなかった意見がパブリック・コメント手続を通じて提出されたとしても，府省によって採用される見込みが少ないため，利害関係者等は再度の提出に消極的になるはずである。

　このような各府省と利害関係者等とのインフォーマルな「プレ接触」の当否については見解が分かれるところであろう。なぜならば，各府省による「プレ接触」は早期の利害調整と合理的な政策決定のための情報収集に一役買う反面，パブリック・コメント手続が実施される前に接触される利害関係者等とそうでない者とでは規制案への影響力に大きな違いが生じうるからである。また，各府省が「プレ接触」を通じて利害関係者等に応答的であってもオフィシャルなパブリック・コメント手続自体は機能していないという批判もあり得よう。しかし，既に述べたように，各府省が規制案の作成に際して想定される規制客体と事前に協議すること自体は決して否定されるべきものではなかろう。

　むしろ，本書が関心を向けるのは，各府省は規制案が影響を及ぼすと想定される企業・団体等との「プレ接触」をなぜ好むのかという点である。「状

況調査」からうかがわれる理由の一つは，デッド・ラインとしての法律の施行日が（法律上あるいは事実上）決まっている（霞が関ジャーゴンでいえば「尻が切れている」）ため，あるいは，事柄の性質上法律の速やかな施行が望まれているため，パブリック・コメント手続を通じて提出される意見のなかに規制案の本質的な修正につながる内容が含まれていると，規制案の練り直しに十分な時間が確保できないからである[43]。

そうであればこそ，各省庁は，規制案を作成するまでの間に利害関係者や専門家に積極的にアクセスしたり審議会等を通じた意見交換を行ったりして，広範囲のコンセンサスを反映した規制案をオフィシャルなパブリック・コメント手続にかけたいと望むのである。たしかに，例えば，「護送船団行政」という批判が組織新設のきっかけの一つとなった金融庁は，行政手続法検討会ヒアリング会の中で金融業界への「プレ接触」の実施について問われた際，「政令・府令については，手続的事項が中心であり，パブコメ手続のみで済ませていることが多いのではないか」[44]とオフィシャルなパブリック・コメント手続に先行する「プレ接触」について消極的な姿勢を示している。実際，「状況調査」によれば，金融庁が2001(平13)～2004(平16)年度に実施したパブリック・コメント手続全121件のうち「プレ接触」を行ったことが記載されているのは計7件であった[45]。しかし，「法案については，与党手続も経るので提出前にいろいろと業界からの意見が反映される機会はある。業界から不満は聞いていない」と続けて答えていることから推察される

---

[43] 例えば，宇賀克也は「原案が大幅に修正され，公示した案とは正反対の内容になったり，当初の案では全く念頭に置いていなかった内容を定める案に修正された場合のように，当初の案との関連性が失われるに至った場合には，修正案については意見提出手続を実施していないことになるので，改めて修正案について意見提出手続を実施すべき」（宇賀2006：61）と主張している。そうなると，法律の施行日までに規制案を通用させることはますます難しくなろう。

[44] 行政手続法検討会第1回ヒアリング会（2004(平16)年7月5日）議事概要．http://www.soumu.go.jp/main_sosiki/singi/chihou_seido/singi/kanri_5b.html

[45] 金融庁による各年度の「プレ接触」の件数は，以下の通りである。2001(平13)年度：38件中1件，2002(平14)年度：28件中0件，2003(平15)年度：27件中3件，2004(平16)年度：28件中3件。

ように，金融行政に詳しい政治家が名を連ねる自民党政務調査会部会の段階で業界団体からの要望が一定程度反映され，その段階で実際の規制の仕方あるいは内容がおおよそ決せられていた。故に，金融庁がパブリック・コメント手続に先行して積極的に「プレ接触」を行わなくとも業界団体にはさしたる不満が生じていないのである。

　ここで興味深いのは，各府省が規制客体たる利害関係人を同定せず（あるいはできず），結果として彼（女）らへの「プレ接触」をしないままオフィシャルなパブリック・コメント手続の実施に至った場合，法執行に関しどのような事態が生じると各府省が想定しているかである。これは規制の強弱，規制客体の規模あるいは規制客体による政治的影響力行使の程度に依存するであろう。しかし，想定される最悪の事態は，政省令等の制定・改廃について不知あるいは不満であった規制客体による法施行への抗議が政治問題化し，ひいては政省令等の改廃を余儀なくされることであろう。各府省にとって再度の政省令等の改廃は，明らかに埋没コストである。だからこそ，各府省はそうした最悪の事態に陥らぬよう積極的に「プレ接触」を繰り返すのである。

　おそらくはかかる最悪の事態に相当するのが，いわゆるPSE騒動である。PSE騒動とは，電気用品安全法に適合したことを示すPSEマークのない中古家電製品の販売が禁止される直前にリサイクル業者等からの反発が広がり，最終的には経産省がPSEマークのない中古家電製品の販売を容認するに至った事案である。最終節ではPSE問題の顛末をパブリック・コメント手続の機能という観点から辿ることにしよう。

第3節　パブリック・コメント手続の機能からみたPSE問題

　2001（平13）年に旧電気用品取締法に代わって施行された電気用品安全法（以下，「電安法」と略）は，漏電等検査の実施により安全であることを示すPSE（Product Safety, Electrical Appliance & Materialsの略，図表4-5）マークを取得しなければ電子レンジやテレビ等の電気用品を販売してはならないと定めていた。また，同法によれば，2001（平13）年3月以前に製造された

PSE マークのない電気用品については新たに検査を実施すること等によってPSE マークを取得しない限り販売してはならないと規定していた。しかし，この制度の周知徹底のために，電気用品の種類に応じて販売禁止までの猶予期間（5年〜10年）が設定されていた。なお，1999(平11)年の電安法立法当時，中古家電製品の市場は今日に比べてさほど大きくなかったため，中古家電製品の販売を念頭に置いた立法ではなかったものと推定される。

図表4-5：PSE マーク

出典：経産省ホームページ

ところが，この猶予期間が一部終了する半年前（2005(平17)年秋）頃から，リサイクル業者等を中心に同法施行に関する照会が経産省に殺到し始めた（その後の経緯については，参照，図表4-6）。経産省が中古家電製品も同法の対象になることを同省のサイトで明示したのは猶予期間終了直前の2006(平18)年2月であったという[46]。また，ビンテージ物といわれる中古楽器も法律による規制対象に含まれることが判明したため，坂本龍一など著名な音楽家らが法施行への反対署名を訴えるなどPSE 制度に対する抗議運動が全国的に展開された。例えば，同法の施行に反対していた日本シンセサイザー・プログラマー協会は2006(平18)年3月15日，経産省に対して約7万5千人分の反対署名を提出している。さらに，一部の地方議会からは，経産省に対して新法施行について見直しを求める意見書が提出された。

46　朝日新聞2006(平18)年3月15日朝刊9面。

第Ⅱ部　パブリック・コメント手続の実証分析

図表 4-6：電安法関係年表

1999(平11)年 8月 2日	電安法，国会にて可決
同年 11月 4日	電安法施行令についてのパブリック・コメント手続公示
同年 11月23日	同上，終了
2000(平12)年 3月24日	電安法施行令についてのパブリック・コメント手続の結果公表
2001(平13)年 4月 1日	電安法施行
2006(平18)年 2月15日	経産省，警察庁を通じて古物商，質屋等に電安法の周知を依頼
2006(平18)年 3月14日	経産省，「ビンテージ品」の販売を事実上容認，漏電検査機器の無料貸出と半年間の検査無料代行を発表
同年 3月22日	民主党，PSE法議員懇談会を設置
同年 3月24日	経産省，PSEマークのない中古家電の「レンタル扱い」での販売を事実上容認
同年 3月30日	経産省，大手楽器販売会社数社と協議の上「ビンテージ品」のリスト約2000品目を公表
同年 3月31日	電安法に基づくテレビ・電子楽器等の経過措置の期間終了
同年 4月 4日	経産省，「ビンテージ品」リストの記載ミス80項目を公表
同年 4月22日	中古品販売業者，業界団体「ジャパン・リサイクル・アソシエーション」を設立
同年 4月28日	経産省，小規模の中古品販売業者に無料出張検査を実施する旨公表
同年 5月 1日	経産省，PSEマークを使用するに必要な無料検査サービスを開始
2007(平19)年 6月28日	産業構造審議会製品安全小委員会中間取りまとめ「出荷後における製品の安全確保に向けて」(案)公表
同年 6月29日	甘利経産大臣(当時)，記者会見で電安法改正に言及
同年 9月10日	産業構造審議会，上記中間取りまとめを公表。経産省，電安法施行に関し混乱を招いたという理由で同省幹部5名を厳重注意処分
同年 10月12日	電安法の一部を改正する法律案閣議決定
同年 11月14日	同法，国会にて可決
同年 12月21日	同法施行

出典：朝日新聞，読売新聞，及び日本経済新聞等をもとに筆者作成

　この間，経産省は後手後手の対応に負われた。具体的には，一部の稀少価値の高い中古楽器について例外的に販売を認める，PSEマークをつける際に必要な検査の無料出張サービスを実施する，あるいはPSEマークのない

電気用品でも購入希望者に当面「レンタル」することを可能にする，などの措置を講じざるを得なかった。それでも，経産省は，このマークがついていない中古家電販売は原則認めないという態度を崩していなかった。

ところが，経産省は 2007(平 19)年 6 月，PSE マークがない中古家電販売を一転して認める方針を固めた。経産省が設置する産業構造審議会・製品安全小委員会では，「旧電気用品取締法と新電安法の技術基準は同じであること，実態調査を通じて旧電気用品取締法適合製品と新電安法適合製品の安全性が同等であることが確認できたことなどを踏まえれば，新電安法適合製品と同じく旧電気用品取締法適合製品についても検査を要せず販売することを認めるよう制度改正することを検討するべき」[47] との意見が大勢を占めた。つまり，この判断が，当時の電安法の仕組みを 180 度転換させたのである。その結果，旧電気用品取締法に適合していれば PSE マークが付されているものとみなすことを措置することになった（電安法の一部を改正する法律附則 6 条）。これにより，リサイクル業者等は PSE マークを付すことなく中古品が販売可能となったのである[48]。

筆者が問題にしたいのは，電気用品の安全性確保に関するあるべき制度構想ではない。むしろここで論じたいのは，PSE 騒動から垣間見えるパブリック・コメント手続の機能についてである。法律の制定は国民の代表者で構成される国会で行われるが，その執行のために必要となる政省令等の制定においても，利害関係者や一般国民に新法令の制定や改廃を周知徹底するとともに，彼(女)らの意向をできる限り反映させることが望ましい。はたして，今

---

[47] http://www.meti.go.jp/policy/consumer/seian/denan/chuko_kentou.htm

[48] なお，いわゆる「ビンテージ物」といわれる「電気楽器，電子楽器，音響機器，写真焼付器，写真引伸機用ランプハウス及び映写機（以下「電気楽器等」という。）のうち，当該電気楽器等が既に生産が終了しており，他の電気楽器等により代替することができず，かつ，稀少価値が高いもの」については，「その取扱いに慣れた者に対して国内で販売する場合」には，電安法 8 条第 1 項第 1 号にいう「特定の用途に使用される電気用品を製造し，又は輸入する場合において，経済産業大臣の承認を受けたとき」（いわゆる「特別承認」）に該当するものとされている。参照，「電気用品安全法等に基づく経済産業大臣の処分に係る審査基準等について」(2008(平 20)年 4 月 24 日商第 4 号）。

第Ⅱ部　パブリック・コメント手続の実証分析

回の電安法のケースは、こうした要請に適った政策決定だったのだろうか。

　経産省の名誉のためにまず述べておくならば、経産省は外部からの意見に耳を傾けることなく独善的に政策決定を行ったわけではない。実際、経産省の前身である旧通産省は、電安法に基づく電気用品等に具体的に何を指定するかについて定めた政令（電安法施行令）に関し、1999(平11)年11月からパブリック・コメント手続を通じて意見募集を行っている。当該パブリック・コメント手続の結果は、**図表4-7**の通りである。

図表4-7：電安法施行令に関するパブリック・コメント手続の結果（件数）

提出者	企業		4件
	団体	業界団体	6件
		その他	2件
計			12件

出典：経産省ホームページに基づき筆者作成

　電安法施行令に係るパブリック・コメント手続を通じて提出された12件の意見の提出主体には「業界団体」も含まれているが、件のリサイクル業者の業界団体はこの時期にはまだ創設されていない。また、当時、旧通産省のサイトに公表された提出意見にはリサイクル関係の意見が全く含まれていないことを考慮すると、個別のリサイクル業者からの意見も0件であったようである（参照、**図表4-8**）。

　他方で、旧通産省は、リサイクル業者を「利害関係者」と同定せず、電安法施行令がパブリック・コメント手続にかけられていることにつき特別周知していなかった。この点は、電安法施行前後の国会審議（2006(平18)年3月17日衆院・環境委員会）における質疑応答から確認することができる。

○川内委員（民主党）　電気用品安全法の施行令、政令を定めるに当たって、最も影響を受けるであろう中古電気用品の販売の事業者の団体というのは、この施行令に関しては最も密接に関係を持つ利害関係人であるというふうに思われますが、この利害関係人に周知をしていない、この政令のパブコメをしますとい

88

図表4-8：電安法施行令に関するパブリック・コメント手続の結果（意見内容）

意見区分	意見内容
1. 追加費目に関するもの	特定電気用品の指定にテレビジョン受信機を加えること
	乙種電気用品の指定にデスクトップ型パソコンを加えること
2. 範囲の見直しに関するもの	導体断面積が22mm^{2}を越えるケーブルは特定電気用品の指定から外すこと
	冷蔵・冷凍用ショーケースは特定電気用品の指定から外すこと
	携帯発電機の名称・範囲・電圧について，他の規格と整合性を図ること
	送風機の定格消費電力について300W未満とすること

出典：上記に同じ。但し，記載した意見は電安法施行令案に直接関わるものに限る

うことを周知しなかったということをお認めになられますか……。

○迎政府参考人（経産省）　パブリックコメントの実施に当たっては，今申し上げましたように，掲載を行ったわけでございますけれども，団体等への個別の周知を行ったというふうな記録は，既存の資料の中には残っていないということでございます。……残っておらないので，したというふうな記録はないということでございます。

○川内委員　私が聞いているのは，利害関係人としての中古電気用品販売事業者に，これは警察が古物商，中古電気用品の販売事業者はみんな古物商の届け出を出していますから，警察庁が古物商を所管しているじゃないですか。警察庁と相談すれば周知できたんですよ。その利害関係人である中古電気用品の販売事業者の団体に，パブリックコメントをしますよ，内容はこういうことです，あなた方こんなに変わるんですよということを周知されましたかと。必要に応じ周知に努めると閣議決定文書に書いてあるから聞いているんですよ。

○谷政府参考人（経産省）　政令改正の過程で当然各省庁とは御相談を申し上げておりまして，その中に警察庁もございます。しかしながら，パブリックコメントを実施するということについて，個別の古物販売事業者に周知はいたしておりません。古物販売事業者の全国団体はございません。

○川内委員　だから，ここ〔パブリックコメント手続についての旧閣議決定〕には「必要に応じ」と書いてあるので，必要ないと判断したということでよろし

いですね。

○谷政府参考人　広く国民全体に周知を図る必要があると判断をいたしました。一軒一軒の個別事業者に対して周知をすることが必要であるとは判断いたしませんでした。

　中古家電販売を営む業者は，ハードオフコーポレーションや生活倉庫などの大手数社を除けば中小の零細企業が多く（参照，図表4-9），電安法の施行段階では，業界を代表して意見をとりまとめ提言する業界団体が存在していなかった。しかし，その当時，年間商品販売額は右肩上がりであり業界としては成長を遂げつつあった。仮に，業界団体が存在していれば，構成団体の利害に関わる各府省の政策を逐次ウォッチし，パブリック・コメント手続等を通じて適時にレスポンスすることが可能だったであろう（これこそが業界団体の存立目的の一つともいえる）。

　また，旧通産省の側からしても，対象集団の取りまとめ的存在である業界団体が存在していれば，電安法施行令案に係るパブリック・コメント手続に先行した業界団体への「プレ接触」を通じて，新規政策についての反応を聴取することも可能だったであろう。つまり，電安法施行令案に関するパブリック・コメント手続の段階では，適切な政策決定と円滑な政策実施にとって肝要な情報のノード（結節点）としての業界団体が存在しなかった。した

図表4-9：リサイクル業者の従業者規模（2004(平16)年）と中古家電製品の年間販売額

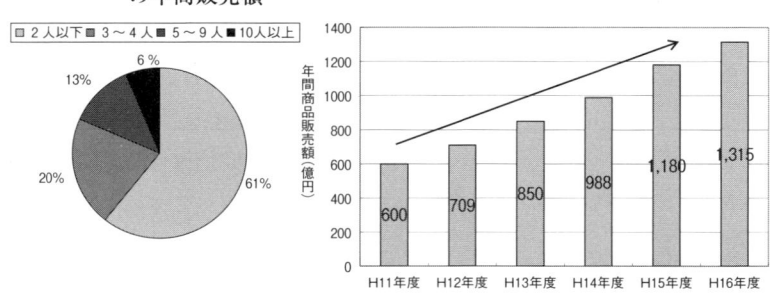

出典：経産省ホームページ

がって，ノードとしての業界団体の不存在と旧通産省による「プレ接触」の不実施が今回の PSE 騒動の一つのきっかけになったと推定されるのである。

　PSE 制度の猶予期間が終了した直後の 2006(平 18)年 4 月 22 日，リサイクル業者は業界団体「ジャパン・リサイクル・アソシエーション」（略称：JRCA）[49] を結成し，設立総会を開催した。JRCA の設立にあたっては経産省との協議も行われている。来賓として招かれた経産省の福田秀敬・消費経済政策課長（当時）は「行政の失敗というのは言い過ぎかもしれないが，いろいろと皆さんにご迷惑をおかけした点があった」と謝罪し，「JRCA が全国組織としてまとまったことは，私どもとしても本当にありがたい。これからも，いろいろな方々と胸襟を開いて，全国規模で話し合いをしていければ幸い」と歓迎の意を示したという。また，警察庁と環境省の担当幹部も来賓として出席し，それぞれ，「JRCA の設立は窃盗防止，被害品の回収の面からも心強い。被害品の流通防止の観点からも緊密な連絡を取り合いたい」（警察庁），「循環型社会の構築ということを考えると大変喜ばしい。家電製品などのリユース事業を進める上で，建設的な意見交換をしたい」（環境省）と期待感を表明したという[50]。その後，産業構造審議会・製品安全小委員会の委員には JRCA 代表理事が名を連ねるに至った。JRCA の活動や産業構造審議会への JRCA からの委員参画が，2007(平 19)年の PSE 制度の根本的見直しを柱とする電安法改正に与えたインパクトは少なくない。

　リサイクル業者からすれば，個別業者の利益を糾合する業界団体の登場は大いに歓迎されるべき事柄であろう。他方で，仮に，各府省と業界団体等とのインフォーマルな接触に基づいて政策決定が今後も行われるとすれば，一般市民の利益が損なわれる可能性もある。今回の PSE 騒動は，パブリック・コメント手続をはじめとする政策決定システムが本来の期待通りに機能しなかったからこそ問題が表面化し，一般消費者が電気用品の安全性に関心を向けるに至った"幸福"な事例と考えることもできる。多方面に配慮した政策

49　http://www.jrca-net.or.jp/
50　産経新聞 2006(平 18)年 5 月 9 日朝刊社会面。

決定と円滑な政策執行に有効な「ご説明」行政を継続すべきか，それとも政策決定過程の透明性や公正性を向上させるために「ご説明」行政を見直すべきか？——PSE 騒動が我々に投げかけた問題の本質はここにある。この点については，最終章においてあらためて論じることにしたい。

　以上，本章では，規制案作成段階における行政官僚制の行動とパブリック・コメント手続を通じて提出される意見の多寡との関係について，仮説を設定した上で分析を行った。その結果，各府省は，オフィシャルなパブリック・コメント手続に先行する「プレ接触」を通じて，日常的に各府省と接点のある企業・団体等から意見聴取を行っていること，その結果，日常的に各府省と接点のある企業・団体等はオフィシャルなパブリック・コメント手続において積極的に意見を提出してはいないことを明らかにした。つまり，オフィシャルなパブリック・コメント手続に先立つ段階において，各府省は日常的に接している企業・団体等の意向に一定程度配慮しつつ政省令等の立案を行っているのである。

〈補　論〉「プレ接触」と法令適用事前確認手続の機能

　本章では，規制案作成段階における行政官僚制の行動とパブリック・コメント手続を通じて提出される意見の多寡との関係について分析を行った。その結果，企業・団体等がオフィシャルなパブリック・コメント手続において積極的に意見を提出しない理由の一つとして，各府省がパブリック・コメント手続に先立だって積極的に行っている「プレ接触」を挙げた。仮に，本章の提示した「意図的な未提出」仮説が妥当だとすれば，主たる規制客体として各府省が同定している企業・団体等は，「プレ接触」の際に，規制案の条項についての解釈や予想される運用実務等について各府省に照会しているはずである。すなわち，当該仮説によるもう一つの観察可能な含意とは，行政機関の法令解釈や適用に関するオフィシャルな照会手続の利用の減少である。

　そこでこの補論では，行政機関の法令解釈や適用に関する照会手続である「行政機関による法令適用事前確認手続」（いわゆる日本版ノーアクションレター制度）の運用実態について分析を行い，本章で述べた「意図的な未提出」仮説の妥当性を異なる観点から実証したい。

　さて，「行政機関による法令適用事前確認手続」（以下，「法令適用事前確認手続」と略）とは，(1)民間企業等がその事業活動に関係する具体的行為が特定の法令の規定の適用対象となるかどうか，あらかじめ当該規定を所管する行政機関に確認し，(2)その行政機関が照会者に対して書面で回答を行うとともに，(3)当該回答をインターネット等で公表する，という手続である（参照，図表4-10）。同手続は規制改革の一環として，行政機関による法令解釈・適用の透明性を高めることを目的して導入されたものであり，その根拠は2001（平13）年3月27日の閣議決定（「行政機関による法令適用事前確認手続の導入について」）[51]である。

51　http://www.soumu.go.jp/main_sosiki/gyoukan/kanri/kakunin/kakunin.html

第Ⅱ部　パブリック・コメント手続の実証分析

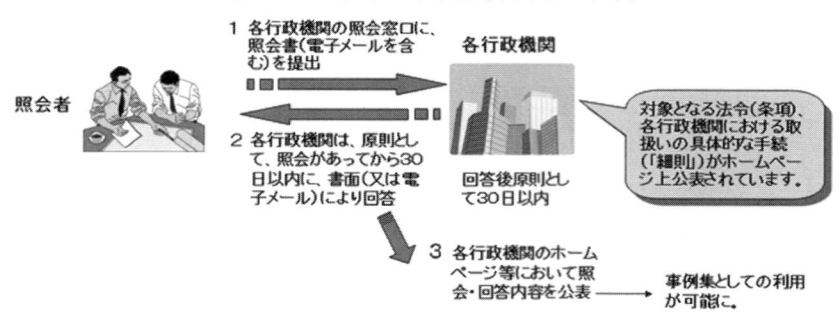

図表4-10：法令適用事前確認手続の概要

出典：総務省ホームページ

　この閣議決定はこれまで2度改正が行われている（2004(平16)年3月19日，2007(平19)年6月22日）。改正の趣旨は共通であり，ともに法令適用事前確認手続の適用範囲を拡大するというものである。第1回目の改正では，閣議決定「規制改革・民間開放推進3か年計画」（2004(平16)年3月19日）[52]において手続の対象範囲を拡大することが決定されたことを踏まえて，「当面，IT・金融等新規産業や新商品・サービスの創出が活発に行われる分野に係る法令」とされていた対象範囲が「民間企業等の事業活動に係る法令」と拡大された。次に，第2回目の改正は，閣議決定「規制改革推進のための3か年計画」（2007(平19)年6月22日）[53]において，法令適用事前確認手続について必要な措置を講ずるとされたことを契機とする。具体的には，法令適用事前確認手続の従来の適用範囲に加えて「当該条項が民間企業等に対して直接に義務を課し又はこれらの権利を制限するものであって，本手続の趣旨にかんがみて対象とすべきものと判断される場合」が追加された。つまり，第2回目の改正は，法令適用事前確認手続の対象につき，民間企業等の事業活動に係る法令のうち行政手続法にいう「申請に対する処分」（例：許認可等）及び「不利益処分」（例：免許取消）に加えて，民間事業者等に係る「規制」（参照，行政機関が行う政策の評価に関する法律施行令（政策評価法施行令）6条

52　http://www8.cao.go.jp/kisei/siryo/040319/index.html
53　http://www8.cao.go.jp/kisei-kaikaku/publication/2007/0622/index.html

3号）に相当する法令まで拡大したことになる（大手 2007：46）[54]。

　「規制」案に係るパブリック・コメント手続の機能を論じる本書の視点から興味深いのは，第 2 次改正以降の民間事業者等による法令適用事前確認手続の利用頻度である。なぜならば，この手続の利用主体は「プレ接触」の主たる対象と目される「民間事業者等」に限定され，一般市民や専門家等は含まれていない。そのため，オフィシャルなパブリック・コメント手続に先行して実施される「プレ接触」が頻繁であればあるほど法令適用事前確認手続の利用頻度が下がるはずだからである。

　但し，その際に注意しておかねばならないのは，民間事業者等に係る「規制」が第 2 次改正で初めて法令適用事前確認手続の対象範囲に追加されたわけではないことである。総務省の実務担当者によれば，第 2 次改正前でも，閣議決定の対象範囲を越えて(1)民間企業等に届出の義務を課す法令（条項）についての照会を対象範囲に含めている省庁等が 13 省庁等のうち 11 省庁等，(2)登録の義務を課す法令（条項）については 13 省庁等のうち 8 省庁等，(3)確認の義務を課す法令（条項）については 13 省庁等のうち 7 省，がそれぞれ存在していた（大手 2007）。つまり，大半の省庁等では，法令適用事前確認手続の導入当初から民間事業者等に係る「規制」を当該手続の対象としていたのである[55]。経産省に至っては，2001(平 13)年から対象範囲を「経済産業省が所管する法令の条項」のうち行政処分，不利益処分，及び規制としており，対象法令分野及び対象条項類型の双方において閣議決定に比べ広範

54　但し，総務省行政管理局の説明によれば，「民間企業等に対して直接に義務を課し又はこれらの権利を制限する」ものにおいても法令適用事前確認手続の趣旨から必ずしも対象とすべきではないものも想定されるので，所管分野の状況も踏まえ，各府省において対象とすべき法令（条項）が判断されるという。

55　実際，総務省行政管理局が「規制改革の推進に関する第 3 次答申」（2003(平 15)年 12 月 22 日総合規制改革会議）を踏まえ，「行政機関による法令適用事前確認手続」（2001(平 13)年 3 月 27 日閣議決定）の対象範囲を拡大する閣議決定案について任意のパブリック・コメント手続を実施したところ（実施期間：2004(平 16)年 3 月 4 日～ 3 月 12 日），意見提出は 1 件にとどまった。この段階では本文で述べたように「規制」を対象範囲としていないにもかかわらず，さらなる対象範囲の拡大を求める意見は皆無であった。

に設定していた[56]。閣議決定も，当初から，各府省の判断により新規産業や新商品・サービスの創出が活発に行われる分野以外の「その他の分野に係る法令を対象とすることを妨げるものではない」としていた。そのため，以下で法令適用事前確認手続の運用実態を考察する際，手続の導入時期まで遡ることにする。

さて，図表4-11は，法令適用事前確認手続が義務づけられた2001(平13)年度以降における各省庁等の利用状況を示している。図表4-11からは法令適用事前確認手続の利用頻度が当初からかなり低いこと，及び，2度の閣議決定改正による対象範囲拡大にもかかわらず期待された効果は上がっていないことが分かる。

それでは，民間事業者等はどうして法令適用事前確認手続を積極的に利用

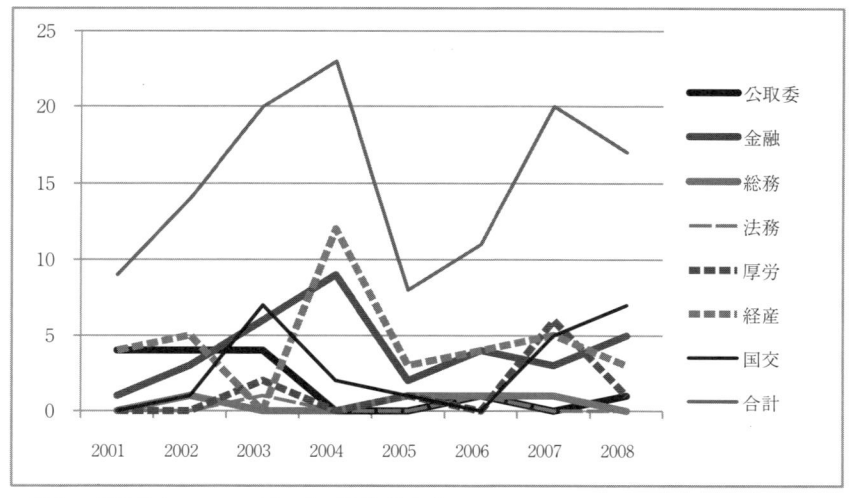

図表4-11：各省庁等の法令適用事前確認手続の実施件数

出典：総務省ホームページに基づき筆者作成

---

[56] 「経済産業省における法令適用事前確認手続に関する細則」(2001(平13)年5月31日)，http://www.meti.go.jp/policy/no_action_letter/downloadfiles/saisoku07kaiseihanneibann.pdf

しないのであろうか。この点については，総務省行政管理局が実施した「行政機関による法令適用事前確認手続（いわゆる日本版ノーアクションレター制度）」に関する意見募集（募集期間：2006(平18)年11月28日～12月18日）の集計結果が一定の答えを示唆している。同調査は日本経団連の協力を経て周知されたこともあり（大手2007：46），典型的な民間事業者等による法令適用事前確認手続についての現状認識を示していると考えることができる。提出された意見は，企業28件，関係団体3件及び個人2件の合計33件であった。このパブリック・コメント手続による結果によれば，最も多い理由の一つが「各府省に対する照会は電話やFAXで十分なため」であった（51.6％，図表4－12）。つまり，法令適用事前確認手続の第2次改正前の段階では意見提出者の半数以上が法令適用事前確認手続の利用について積極的意義を見出していないことになる。法令適用事前確認手続の見直しに関与した実務担当者も，「本手続の利用件数があまり多くない要因としては，電話や面談による日常的な相談方法が最も民間企業等により利用されているという背景があると考えられ，そのような簡易で迅速な相談方法は日本において慣行として

図表4－12：法令適用事前確認手続を利用しない理由（複数回答）

理由	件数	％
各府省に照会するような事案が発生したことがないため	10	32.3
各府省に対する照会は電話やFAXで十分なため	16	51.6
法令適用事前確認手続の制度自体を知らなかったため	2	6.5
法令適用事前確認手続の照会方法や照会手続きなど内容を知らないため	1	3.2
各府省による手続についての説明等の対応が不十分だったため	0	0
照会者名並びに照会及び回答内容が，原則として公表されるため	16	51.6
照会から回答までの期間（原則30日）が長すぎるため	4	12.9
法令適用事前確認手続の対象が自己の事業活動に係る具体的行為に限定されているため	2	6.5
法令適用事前確認手続となる法令（条項）が，民間企業等の事業活動に係る行政処分・不利益処分に限定されているため	5	16.1

出典：「電子政府の総合窓口」（e-Gov）の「行政機関による法令適用事前確認手続（いわゆる日本版ノーアクションレター制度）」に関する意見募集の「結果公示案件詳細」より筆者作成

深く定着している」(大手2007：50) と述べている。

　したがって，適用対象を行政処分・不利益処分等から「規制」にまで拡大したとしても，各府省と民間事業者等との日常的な接触が法令適用事前確認手続の積極的な利用を不要としているのである。本書でいう「プレ接触」は，パブリック・コメント手続と法令適用事前確認手続という2つの行政手続の利用頻度を低下させる効果を生じさせているのである。

　さて，OECDは，各国の規制に係るコンサルテーションが社会的・政治的な価値判断や制度的な伝統のなかで育まれてきたものだという認識を示している。その上で，OECD諸国における規制に係るコンサルテーションについての2類型として，①利害関係者と合意を形成し競合利益を調整することを目的とする合意型と，②合理的な政策を見いだすための情報を得ることを目的とする情報獲得型，の2つを提示している。OECDは，この2類型を生じさせる原因を分析する場合，情報公開の歴史や政治・行政構造の違い，具体的には政治・行政構造がコーポラティズムかそれともプルラリズムなのかの違いに着目することが重要だと述べている (OECD 2001：312)。我が国は，OECDによれば「やや意味合いは異なる」が，前者に含まれると分類されている。日本の場合，特定の規制を取り巻く各種の報告義務を民間事業者等に課しているため，規制に係るコンサルテーションは，主として合理的な政策立案のための情報獲得以外の目的で実施されるのである。パブリック・コメント手続や法令適用事前確認手続といった行政手続の改革を展望する際にも，この差違をどの程度議論の出発点とするのかによって制度設計が大きく異なるであろう。

◆第5章
パブリック・コメント手続における行政官僚制の行動

第1節　仮説の設定
第2節　仮説の検証
〈補　論〉　修正の性格分析

　前章では，オフィシャルなパブリック・コメント手続に先立つ規制案の作成段階における行政官僚制の行動を実証的に分析した。そこでは，各府省が規制案の作成段階において利害関係を有する企業・団体等に積極的に接触し，規制案の内容についての意見聴取を行い彼（女）らの意向に一定程度配慮していること，及び，かかる「プレ接触」がパブリック・コメント手続を通じて提出される意見数の減少につながっていることを指摘した。なるほど，第1章で述べたように，パブリック・コメント手続において提出される意見数は各府省でたしかにまちまちである。しかし，各府省が「プレ接触」に概して積極的であることが前章の分析を通じて確認された。

図表5-1：各府省の応答性の類型

		規制案作成段階	
		非応答的	応答的
パブリック・コメント手続段階	非応答的	自律型	業界応答型
	応答的	市民応答型	広範囲応答型

出典：筆者作成

　さて，**図表5-1**は，各府省の外部アクターへの応答性を，規制案作成段階における応答とオフィシャルなパブリック・コメント手続段階における応答という二つの観点から類型化したものである。少なくとも前章までの分析によれば，各府省は——その濃淡の差こそあれ——規制案作成段階において

利害関係を有する企業・団体等の意向を斟酌することなく規制案を作成しているわけではないのだから，各府省は外部のアクターに配慮することなく自律的に規制案を作成するという「自律型」には該当しない。また，各府省は，万人に開かれたオフィシャルなパブリック・コメント手続をより重視し，この手続を通じて提出された意見のみに応答するという「市民応答型」にも相当しないことになる。

　そこで，本章では，上の分類を念頭に置いた上で，オフィシャルなパブリック・コメント手続段階において行政官僚制はどのように行動しているのか，具体的には，行政官僚制はパブリック・コメント手続において提出された意見に基づいて規制案を修正することに好意的なのか否かについて，幾つかの仮説を提示した上で分析を行う。これは，**図表5-1**でいえば，日本の府省が規制案の作成段階で接触する企業・団体等の権利・利益により重きを置き，後続のオフィシャルなパブリック・コメント手続で提出される意見を軽視する「業界応答型」に近いのか，それとも，いずれの段階でも自らに寄せられる意見に積極的に応答しようとする「広範囲応答型」に近いのかという問題である。

　この点につき，一般には日本の各府省は「広範囲応答型」というよりはむしろ「業界応答型」に近いという認識が示されることが多い。例えば，行政法学者の角松生史は次のように述べている。「行手法〔行政手続法〕の意見公募手続は，説明責任機能を重視する制度設計になっている。……『具体的かつ明確な内容の』（39条2項）案の確定後，すなわちほぼ『後戻りできないような段階』で提出された意見を考慮しても，原案の微修正しか起こりえないだろう……。つまり，行手法の意見公募手続は，市民にとって，当該政策へ向けての意思決定という意味での『事務の処理への関与』としての意義は極小であり，むしろそれに対する『批評』――ただしこの場合の相手方は命令等制定機関であるが――としての意義が大きいのではないか」（角松2009：307-308．なお，括弧内筆者）。但し，上記の如き認識が提示される場合，これを裏付けるエビデンスを伴わないことが多い。

　また，「業界応答型」は，日本の行政官僚制の合理的行動について語られ

る理解と重なるところが多い。例えば，村松岐夫は，行政官僚制の行動目標について，「自己の属する省庁の活動量を増大させて，自ら制御できる資源や価値を増加させ，同時に組織の存続・拡大を願うのが通常」（村松1994：206〜207）と述べている。この理解をパブリック・コメント手続の局面に置き換えていえば，行政官僚制は，自らの規制権限を維持しようとするため，あるいは，すでに前章で述べたように，日常的に接している企業・団体等との意見調整結果を尊重——これは将来の天下り先の確保とも関係するであろう——するため，パブリック・コメント手続で提出された意見による規制案修正には消極的となることが予想される[57]。しかし，本章では，パブリック・コメント手続の局面における行政官僚制の行動がこの理解とは異なる「広範囲応答型」であることを論証したい。

　その上で本章では，府省のパブリック・コメント手続を通じて提出された意見に対する応答が当該意見の多寡等に影響を被るのか否かを論じてみたい。ここでのポイントの一つ目は，パブリック・コメント手続を実施する各府省を取り巻く政治的・社会的制約要因が原案修正に与える影響についてである。また，各府省が政治的・社会的外部環境から与えられる刺激にもっぱら受動的に反応する組織体ではないとすれば，各府省が規制案を修正する場合には行政官僚制内部の構造的要因も影響していると考えるのが自然であろう。したがって，2つ目のポイントとして，パブリック・コメント手続における原案修正率が，外部から提出される意見にときに"共鳴"する行政官僚制内部の構造的要因に関係しているのか否かについても本章では論じていき

---

[57] 官庁の合理的行動の目標として，規制権限の維持・強化以上に「組織存続」を強調する見解も存在する。例えば，戸矢哲朗は，「日本の官僚制は何よりも所属省庁の組織存続，すなわち組織的な名声の最大化を図る」（戸矢2003：81）と述べている。しかし，特定の法律を前提として政省令等のパブリック・コメント手続が実施されるのだから，通常，各省庁は，組織存続への影響（例えば，法律そのものの改廃）をさほど考慮することなく行動するはずである。したがって，オフィシャルなパブリック・コメント手続の局面では，本来，優先順位が高いと思われる「組織存続」が行政官僚制の行動目標となることは稀だということができる。なお，本章補論で取り上げる「不公布・未決定等案件」においても，法律そのものの改廃がすぐさま生じるわけではない。

第Ⅱ部　パブリック・コメント手続の実証分析

たい。

第1節　仮説の設定

　本節では、オフィシャルなパブリック・コメント段階において提出される意見に対する各府省の行動を説明する要因について、複数の仮説を設定する。

(1)「(制約された) 広範囲応答」仮説

　パブリック・コメント手続導入の契機の一つが（限られた範囲かつ閉じられた空間で意見を聴取する）審議会行政に対する批判であったことを考えれば、日本におけるパブリック・コメント手続の意義の一つは、日常的に接している企業・団体等以外からの意見を幅広く聴取するところにあるといえる。そこで、以下では、日本の各府省が外部からの意見のうち日常的に接している企業・団体等からの意見だけに耳を傾けていると捉える仮説を**図表5-1**の類型に基づいて「業界応答」仮説と呼び、各府省が日常的に接している企業・団体等以外からの意見についても応答的であるとする仮説を「広範囲応答」仮説と呼ぶことにし、以下で両者の優劣を検証してみたい。

　なお、第3章で述べたアメリカのパブリック・コメント手続に関する実証研究に鑑みれば、誰がパブリック・コメント手続を通じて影響力を行使しているかという問いは、本来、アクターごとに検証されるべき問題である。例えば、第3章で取りあげた森田の研究では、いかなるアクターも影響力を行使していないという仮説に加え、経済界、弁護士会等、及び大学等の研究者が影響を与えているとする仮説を検証している（森田2005）。しかし、既に述べたように、パブリック・コメント手続におけるアクターごとの影響力を測定することは、データ上の制約があり極めて困難である。そこで、本書でいう「広範囲応答」とは、各府省が日常的に接している企業・団体等以外の全てのアクター（例えば、専門家・学識経験者、NPO・NGO、及び一般市民）への応答を包含する概念として用いることにする。

さて、「業界応答」仮説は、第3章でみたアメリカにおける「ビジネス・バイアス」論と極めて整合的な仮説である。仮に、「業界応答」仮説が妥当であるとすれば、「状況調査」において、規制案作成段階における「プレ接触」の記載がなされている規制原案のほうが記載のない規制原案に比べて原案修正率が低くことが予想される。なぜならば、各府省は「プレ接触」を行っている場合、日常的に接している企業・団体等の意向を規制案に既に一定程度反映させているため、オフィシャルなパブリック・コメント手続の段階で彼(女)らの意向に反する原案修正をすることが難しいからである。また、「状況調査」に「特別周知」を行った旨記載がある規制案のほうがそうでない規制案に比べて原案修正率が低いならば、「業界応答」仮説の妥当性が検証されたことになろう。なぜならば、各府省が「特別周知」を行うということは各府省が規制案に関して最も重要な利害関係人を同定していることを意味しており、「特別周知」に先立って「プレ接触」を積極的に行っていると推定されるからである。

しかし、「状況調査」から垣間見られるのは、規制案についての意見が企業・団体等からのイニシアティブで提出され各府省が渋々これに従っているというよりは、むしろ企業・団体等と早期かつ積極的に接触を試み、有益な意見を可能な限り摂取し、規制案をより広い合意を含むものにしようと努める各府省の姿である。かかる活動的な姿がオフィシャルなパブリック・コメント手続移行後に完全に消失してしまうとは考えにくい。各府省が事前の意見調整を図ったと考えられるパブリック・コメント手続全体のうち約2〜3割の案件において何らかの修正が行われている事実（参照、図表1-7）は、「業界応答」仮説からは説明できない。むしろ、事実をよりよく説明するのは「広範囲応答」仮説でないか、ただ、提出された意見を受けて規制案の修正に至る割合が約2〜3割にとどまっているのは何らかの制約要因が存在しているからではないか、というのが本書の分析である。

かかる制約要因としては、(a)社会的制約要因と(b)政治的制約要因の2つを挙げることができる。このうち、(a)の社会的制約要因とは、前章で述べたところから推察されるように、各府省が、オフィシャルなパブリック・

コメント手続に先行して，日常的に接してきた企業・団体等から意見を聴取した上で規制案を作成しているため，後続の段階であるパブリック・コメント手続において彼(女)らの意向と異なる方向で規制案を修正することが幾分難しくなるというものである。

次に，(b)の政治的制約要因とは，法律に関する国会審議やこれに先立つ与党審査段階において政令等の中身が事実上確定されうることが挙げられる。すなわち，パブリック・コメント手続に先行する段階で政治家の官僚に対する「事前のコントロール（ex ante control）」が有効に働いているというものである[58]。

パブリック・コメント手続に載せられるべき政省令等案の検討が各府省において開始されるのは，オフィシャルには法案成立後である。政省令等の決定権は行政府に存するため，通常，政務調査会等による法案審査と異なり，その決定に際して与党への対応は行われないといわれる（田丸2000：54-55）。しかし，例えば，租税法規のように法案と政令案とが一体として検討されるものについては，法案の与党審査の段階で与党議員から政令への委任事項についての質問がなされることがある。その場合，各府省が与党審査機関等において答弁した内容を超える政令を制定することは，事実上不可能である。

また，国会の法案審議の過程で国会議員から政令への委任事項の具体的内容について質問がなされることがある。歴代の内閣法制局長官が国会答弁を通じて説明しているように，実務上政令委任事項になじむと説明されているのは「一つは，例えば手続的事項あるいは細目的，技術的事項」，もう一つは，事柄の性格に応じて「臨機応変に対処すべき事項」[59]の2つである。いずれも，法律が現代国家において長期にわたって実効性を維持し続けるうえで欠くことのできない要請である。しかし，政治家にとって，政令委任事項は条文全体のなかで各府省の独自利益を実現する「隠れ蓑」のように映るた

---

[58] 政治家による官僚への「事前のコントロール」については，参照，建林（2005）。
[59] 例えば，1991(平3)年2月5日衆院・予算委員会の工藤政府委員（内閣法制局長官（当時））答弁。

めに，かえって国会質疑のフォーカル・ポイントとなるのである。政府側から政省令等の内容について答弁した場合，その内容を逸脱する政省令等を制定することは議院内閣制の下では不可能である。

実際，旧閣議決定段階においてパブリック・コメント手続の実施期間が30日を下回った理由として，「国会審議においても，政令改正案の主な内容について，質疑，答弁が行われていたものであった等のため」を記載した官庁がある（2003(平15)年度・金融庁）。この場合，パブリック・コメント手続を実施した金融庁は，当該手続を通じて提出された意見が仮に有益な内容を含んでいたとしても，国会での質疑・答弁内容に矛盾する政令案の修正が難しいという判断を行ったと推察される。

この点については，行政手続法検討会において議論になったところである。既に引用した行政手続法検討会の「報告」によれば，「必要性又は合理性が認められず意見提出手続の義務付けを解除すべき」ものとして，「国会審議の際に案が公になっている場合であって，その上に意見提出手続を義務づけることの合理性が認められない場合」，より詳しく言えば，「法律案又は予算の国会審議に際し，同法律案に係る規準の案又は当該予算のみを根拠とする事項を執行するための規準の案が公にされている場合であって，当該案（国会審議により変更された場合には当該変更を含む。）と同一の定めを行うとき」が挙げられていた[60]。なるほど，実際の法文上，上記趣旨を直接的に表現した条項は存在しない[61]。しかし，行政手続法検討会の委員を務めた宇賀克也は，行政手続法38条1項にいう「『法令の趣旨に適合する』とは，法令

---

60 http://www.soumu.go.jp/main_sosiki/singi/chihou_seido/singi/kanri_1.html. 当該「報告」には以下のような「説明」が付されている。曰く，「国会審議に際し規準の案が公にされ，国会審議で扱える状態となっている場合に，当該国会審議の後には当該案の内容を変えた行政立法をすることが考えられないときを念頭に置いている。このようなときは，行政立法機関が当該案と同一の内容の定めをするのであれば，国会審議を優先し，さらに意見提出手続を義務づける必要はないと考えられる」。
61 行政管理研究センター「新しい行政参加の在り方に関する調査研究委員会」において筆者が実施した改正行政手続法の実務担当者へのヒアリング（2005(平17)年9月）によれば，上で述べた趣旨を条項化することは，国会答弁の法的置位に困難を来したため見送られたという。

の文言のみならず,法令についての国会での答弁内容等にも合致することを含意している」と述べている(宇賀 2006:41)。

したがって,日常的に接している企業・団体等以外から提出された意見に対する各府省への応答といっても,上で述べた(1)社会的制約及び(2)政治的制約のもとでの応答にならざるを得ないのである。本書では,この仮説を「(制約された)広範囲応答」仮説と呼びたい。ここでいう「(制約された)広範囲応答」仮説が妥当ならば,パブリック・コメント手続を通じて提出される意見数が多くなればなるほど原案修正率が増加する,但し,意見数が原案修正率に対して与える影響力はかなりマイルドなものにとどまるという予想を導くことができよう。逆に,パブリック・コメント手続を通じて提出される意見数と原案修正率との間に有意な正の相関関係が見いだされないとすれば,「(制約された)広範囲応答型」仮説は棄却され,「業界応答」仮説の妥当性が裏付けられることになろう。

なお,「(制約された)広範囲応答」仮説と当該仮説が導く理論的予想を提示するにあたり,2つの点にあらかじめ留意する必要がある。

第1点目は,以下で行う計量分析において,「(制約された)広範囲応答」仮説を検証するにあたりオペレーショナルな指標としてパブリック・コメント手続を通じて提出される意見の多寡を用いる点である。本書では,先行研究に倣って,「意見の『数』と意見の『質』との間に因果関係は存在しないけれども,両者の間に一定の相関関係があることは予測される。意見の数が多ければ,その中に説得的な意見が存在している蓋然性はより高くなる。この意味で意見の『数』は意見の『質』の proxy として活用できる可能性がある」(森田 2005:11)と考える。

第2点目は,上で述べたことと関連するが,本書では意見を提出するアクターごとの影響力を測定しない点である。パブリック・コメント手続における原案修正率の多寡に係る因果関係を解明するには,アメリカの研究で行われているように,誰から出された意見であるかを特定し,次に当該規制案に賛成あるいは反対かを識別し,これらを規制案において修正された部分と突き合わせたうえで各々の意見提出者の影響力を測定すべきである。しかし,

先に述べたように，現行制度上，提出された意見が誰によるものなのかを確定することには限界がある。また，第4章で詳述したように，各府省が日常的に接してきた企業・団体等から提出される意見は予め聴取・斟酌されることが多い。そのため，本書では，提出される意見の大半が，各府省が日常的に接触してきた企業・団体等以外から提出されていると推定する。

したがって，上記の2つの点で「(制約された)広範囲応答」仮説の検証方法には一定の限界があることは否めない。そのため，以下の計量分析では，かかる限界があることを念頭に置きながら，導かれた分析結果を慎重に解釈したい。

(2)「共鳴盤としての所管課長」仮説

(1)で提示した「(制約された)広範囲応答」仮説は，パブリック・コメント手続の機能に関して当該手続を実施する各府省を取り巻く社会的・政治的な制約要因を意識しつつ設定された仮説であった。他方，この仮説は，各府省の内部構造について，提出される意見の中に一定程度含まれる質の高い説得的な意見を素直に受け止めて各府省は規制原案を修正するだろうというごく常識的な想定を行っているに過ぎない。

例えば，アメリカの文献では，「あるインタビュイーが述べるには，"説得力ある (substantiate)" コメントの提出者の影響力は大きかった」，「別のインタビュイーは〔どのような意見の影響力が大きいかという質問に対しては〕"思慮深い (thoughtful)" という語を用いていた」，「我々は全てのコメントに目を通す。我々はあらゆるコメントを考慮に入れる。しかし，その立場をサポートするデータがなければ規則制定過程では有用ではない」と述べたというエピソードが紹介されている。すなわち，主張を裏付けるデータや意見の中に示された質的洞察が意見提出者の影響力の源泉であるという (Naughton et al. 2009 : 270. なお，括弧内筆者)。

しかし，説得力あるデータや優れた洞察が規制原案の修正をもたらすという主張は，「ブラック・ボックス内部 (inside the black box)」(West 2009) の分析としてはナイーブに過ぎる。いかなるデータが説得力あると感じるの

か，あるいはいかなる洞察が優れていると感じるのかは，行政官僚制の内部構造に起因するところが大きいのではないか。むしろ，規制原案の修正は，外部から提出される意見（に一定割合で含まれている説得力あるデータや優れた洞察）のみならず，かかる意見に"共鳴"する行政官僚制内部の構造的要因が影響しているのではないか。この点が各府省で異なるからこそ，第1章で述べたように，外部から提出される意見の多寡と規制原案の修正率との間に単純な正の相関が見られないのではないか。

　政策形成過程において府省外部の意見を府省内のいかなる部局あるいは人的集団が収集し活用しているのかについては城山英明らの研究がある。城山は，府省内の政策形成過程を，「創発，共鳴，承認（オーソライズ），実施・評価」の4段階に区分する（城山ほか 1999：4）。つまり，「各省庁における政策形成は，何らかの創発的行為（課題認識とイニシアティブ）によって始まり，それが省内外の者に一定の共鳴を引き起こし，様々な反応のフィードバックにより案が進化し（これは政策案が修正される過程としてみることもできる），最終的には当該組織において承認される……ことによって政策となる」（城山 2002：5）という。

　このうち，本書が着目するのは政策形成過程の第2段階である「共鳴」である。パブリック・コメント手続を通じて提出された意見は，「創発」（＝パブリック・コメント手続の公示）のオフィシャルな主体である所管課にフィードバックされる。フィードバックされた意見は所管課内部の職員で共有される。例えば，旧閣議決定のパブリック・コメント手続を所管していた総務省では，原課がすべて責任を持って同手続を実施することになっており，特に官房において一定のガイドライン等を定めていなかったという。また，5679件の意見が寄せられた小中学校の学習指導要領の改訂に係るパブリック・コメント手続（意見公募期間：2008(平20)年2月16日〜3月16日）[62] では，「まず，10人以上で意見を仕分けして，読み，省内で協議して必要と判断した意見だけを反映させた」[63] という。

62　http://search.e-gov.go.jp/servlet/Public?ANKEN_TYPE=3&CLASSNAME=Pcm1090&KID=185000297&OBJCD=100185&GROUP

総務省は，行政手続法の運用においてもパブリック・コメント手続の実施主体を下方委譲しており，具体的には，意見公募の結果等の公示や命令等の制定に関する文書につき決裁権者を課長などの下位機関に委任している（総務省大臣官房政策評価広報課「行政手続法に基づく意見公募手続等に係る事務要領」，図表5-2）。具体的には，(1)命令等制定機関が大臣，副大臣，又は事務次官である命令等の決裁権者は，当該命令等制定機関ではなく「命令等の制定に関し，決裁者となっている者」である。また，(2)命令等制定機関が大臣，副大臣，又は事務次官以外の者（長官，局長，課長等）の場合の決裁権者についても同様に「命令等の制定に関し，決裁者となっている者」としている。パブリック・コメント手続の実施主体の下方委譲は，総務省のみならずおそらく他府省においても，旧閣議決定時代以来行われてきたと推察される[64]。

　つまり，パブリック・コメント手続の実施，とりわけパブリック・コメント手続を通じて提出された意見を「十分に考慮」する段階では，提出された意見に"共鳴"する本府省所管課(室)長の判断が行政手続法改正の前後を問わず重要である。また，本府省所管課(室)長がパブリック・コメント手続を経た政省令等案の決裁に積極的にコミットする姿勢を示していなくても，法

63　朝日新聞2008(平20)年5月26日朝刊33面。
64　総務省以外の各府省がパブリック・コメント手続に係る事務要領等を制定しているか否かは不明である。しかし，防衛省のように，「行政手続法第6章に定める意見公募手続等の運用に当たっての留意事項について」(2006(平18)年3月31日)を定めている省もある。防衛省の作成した要領のうち「2. 公示に当たっての手続」によれば，意見公募手続については以下のように定められている。「(1)命令等を定めようとする又は定めた課等が防衛省内部部局の課等の場合は，意見公募手続及び結果の公示を実施するに当たっては，当該課等がその旨の文書の起案を，案，関連資料等の公示しようとするものを添えて起案用紙を用いて行うものとする。(2)命令等を定めようとする又は定めた課等が防衛省内部部局以外の防衛省に置かれる機関の課等の場合は，当該課等と防衛省内部部局担当部署とが相談の上，当該防衛省内部部局担当部署がその旨の文書の起案を，案，関連資料等の公示しようとするものを添えて起案用紙を用いて行うものとする。(3)(1)及び(2)の起案文書は，大臣官房企画評価課に合議するものとする。(4)(1)及び(2)の起案文書の決裁者は，(1)又は(2)の起案を行った課等が所属する官房各局の長とする」と規定されている。

第Ⅱ部　パブリック・コメント手続の実証分析

図表5-2：総務省における意見公募手続に係る決裁権者

決裁を要する文書	決裁者	合議先	文書施行名義人
命令等制定機関が大臣，副大臣又は事務次官である命令等についての意見公募手続の実施に関する文書	局長（命令等の制定に際し，決裁者となっている者が課長である場合にあっては，課長）	官房政策評価広報課	命令等制定機関（大臣，副大臣又は事務次官）
命令等制定機関が大臣，副大臣又は事務次官以外の者（長官，局長，課長等）である命令等についての意見公募手続の実施に関する文書	課長		命令等制定機関（長官，局長，課長等）
命令等制定機関が大臣，副大臣又は事務次官である命令等についての意見公募手続の結果等の公示及び命令等の制定に関する文書	命令等の制定に際し，決裁者となっている者	官房政策評価広報課	命令等制定機関（大臣，副大臣又は事務次官）
命令等制定機関が大臣，副大臣又は事務次官以外の者（長官，局長，課長等）である命令等についての意見公募手続の結果等の公示及び命令等の制定に関する文書	命令等の制定に際し，決裁者となっている者		命令等制定機関（長官，局長，課長等）

出典：常岡（2007：106-107），明渡（2006b：30）

令担当の課長補佐は本府省所管課(室)長が決裁にあたってどのような反応を示すのかを予期しつつ原案修正を行うべきか否かを判断するであろう。

　このように，原案修正率に影響を与える行政官僚制の内部構造の最たるものは「日本国所管課」（大森2006：139）である。本書では，「日本国所管課」を掌る本府省所管課(室)長の"共鳴盤"としての特性が原案修正率に一定の影響を及ぼすという仮説を「共鳴盤としての所管課長」仮説と呼びたい。

　それでは，本府省所管課(室)長が，パブリック・コメント手続を通じて提出された意見を受けて最終的な政省令等案を決裁する場合，彼(女)らはいかなる行動論理に基づいているのであろうか。第1章で述べたように，パブリック・コメント手続が実施されて10年が経過し，意見公募手続の結果の公示を長期にわたり遅滞するなど各種の過誤問題を生じさせていることを考えると，当該手続を経た政省令等案の決定は"日常の官僚制"による活動そのものということができる。そこでは，先例や慣習その他の組織内に蓄積されたインフォーマルな価値・規範・文化，換言すれば内生的に形成された

「制度」がフォーマルなルール以上に本府省所管課(室)長の思考や理解を枠付け，行動を正統化していると考えられる。

マーチ＝オルセン（J.G.March / J.P.Olsen）は組織成員のかかる行動論理を「(組織成員が自らの置かれた状況に自らを適合させるという意味での) 適切さの論理（logic of appropriateness）」（March and Olsen 2006；原田 2010）と呼んでいる。図表5－3は，「適切さの論理」を，オーソドックスな組織理論が想定してきた組織成員の行動論理である「(目的達成という結果を実現するという意味での) 結果の論理（logic of consequence）」と比較したものである。マーチらによれば，組織成員は，通常，目的達成のための計算に基づいた合理的な選択行動をしているのではなく，フォーマル・インフォーマルなルール，ルーティン，及び標準作業手続に従って行動しているという。つまり，組織成員は，①彼(女)らが直面した状況，②自らのアイデンティティ，及び③行動のルールの3者をマッチングさせようと努めていることになる。この表から分かるように，「適切さの論理」が想定する組織成員は，行動と自らの社会的役割との間に首尾一貫性を維持するという意味で「アイデンティティの理解に長けた（in touch with identity）」人間ということができる（March and Olsen 1989：161）。

そこでオルセンらは，組織における特定の状況において「適切さの論理」という行動論理が支配的になる局面を類型的に提示している（March and Olsen 2006：703－705；March and Olsen 1998：952－953；原田 2010：393）。その判断基準のうち，パブリック・コメント手続研究の文脈において有用なのは，当該行動論理に従うことを可能にする各種リソースが存在するのかというリソースの調達可能性である。各種リソースのうち，(1)時間というリソースの調達可能性についていえば，デッド・ラインがさし迫った意思決定の場合には，効用計算に多くの時間を要する「結果の論理」よりは，むしろ直感的な性格を有する「適切さの論理」が支配的となる。また，(2)ヒューマン・リソースについては，異なるプロフェッションを有する人材の採用が組織内における異なる「適切さの論理」の普及につながる。逆に，同一・類似のプロフェッションを有する人材の継続的採用は同一・類似の行動論理の固定化

図表5-3：組織成員にとっての2つの行動論理

結果の論理	適切さの論理
1. 私にとっての選択肢は何か（選択肢）	1. これはどのような状況か（認識）
2. 私にとっての価値は何か（選好）	2. 私はどのような人間か（アイデンティティ）
3. 私の価値にとって私の選択肢は何をもたらすか（期待）	3. このような状況では私のような人間は何を行うのが適切か（ルール）
4. 最良の結果をもたらす選択肢を選択	4. 最も適切なことを行う

出典：March and Olsen（1989：23）; March（1994：2-58）; March and Olsen（2006：690-691）に基づき筆者作成

を招来する。

　上で示した判別基準に照らせば、"日常の官僚制"が政省令案等に係るパブリック・コメント手続に直面する場合、行動論理としての「適切さの論理」が支配的になる理由の一つは、第4章で述べたように、デッド・ラインとしての法律の施行日が法令上あるいは事実上決まっているため、あるいは、事柄の性質上法律の速やかな施行が望まれているためである。つまり、通常、パブリック・コメント手続を通じて提出された意見を受けて各府省が政省令等の案を修正する際に十分に検討する時間的リソースがない。これは、「適切さの論理」が支配的となる(1)の判別基準に関係する。この点は、パブリック・コメント手続の実施から結果の公示に至るまでのタイム・スパンが長期に及ぶことが少なくないアメリカの行政実務とは対照的である[65]。実際に、旧閣議決定においてパブリック・コメント手続を実施すべき期間として「1ヶ月程度を一つの目安」としていたにもかかわらず28日を下回る案件が全体の半数程度であった事実は、各府省による旧閣議決定の軽視というよりは、むしろ法令上あるいは事実上のデッド・ラインに対する"遵法意識"の表れと考えられる（**図表5-4**）。

---

[65] パブリック・コメント手続の遅延などその「硬直化（occification）」に関する研究として、参照、Yackee and Yackee（2010）。

第5章　パブリック・コメント手続における行政官僚制の行動

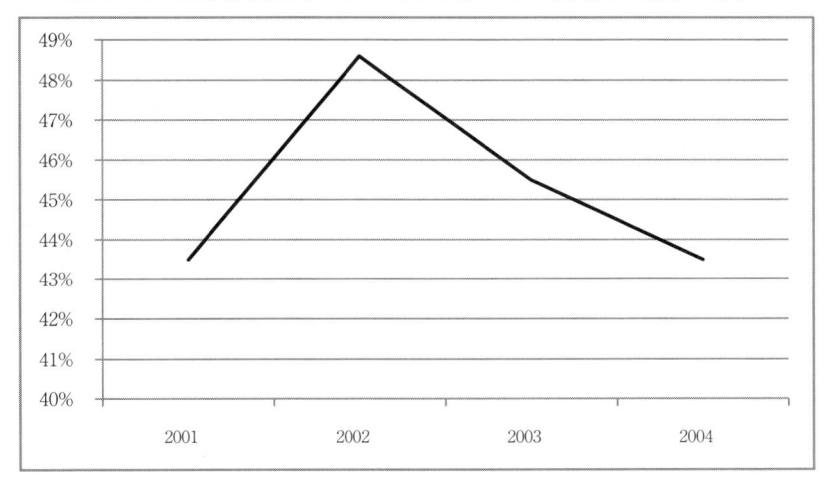

図表5-4：意見募集期間のうち28日未満であった案件の割合の推移[66]

出典：総務省ホームページに基づき筆者作成

　次に，パブリック・コメント手続を通じて提出された意見を受けて最終的な政省令案等を実質的に決定するにあたり，本府省所管課(室)長が依拠する「適切さの論理」のコア部分である「アイデンティティ」とは何かが問題となる。この点は，いかなる「適切さの論理」が支配的となるかという(2)の判別基準に関係する。かかる「アイデンティティ」とは，異なる「採用権者」（国家公務員法55条）による各府省採用の国家公務員であることを大前提として，各府省における人事管理における事実上の区分，すなわち「キャリアかノンキャリアか」と「事務官か技官か」の2つから構成される。しかし，本府省課(室)長等の98％程度は，図表5-5に明らかなように，国家公務員試験Ⅰ種採用職員のいわゆるキャリア公務員である。そうすると，パブリック・コメント手続の実施にあたり最も重要な本府省所管課(室)長の「アイデンティティ」は，概ね，キャリア公務員である「事務官か技官か」というこ

66　2004(平16)年度の「状況調査」のみ，パブリック・コメント手続の意見の募集期間に係る調査が28日ではなく30日を基準として行われている。したがって，表中の割合は当該年度のみ他年度と比べて幾分低くなっている可能性がある。

とになろう。

図表5-5：本府省課長等に占めるキャリア公務員の割合 [67]

年度	2007	2008
本府省課長等数	2193	2179
うちⅠ種採用職員数	2147	2131
うちⅡ種等採用職員数	46	48
％	97.9	97.8

出典：人事院編『平成19～20年度公務員白書』に基づき筆者作成

　そこで，本書では，「共鳴盤としての所管課長」仮説につき計量分析を通じて検証するにあたり，所管課(室)長の事務官・技官の種別という指標を用いることとする。国の行政機関において技術を掌る官職としての「技官」という呼称は国家行政組織法附則第2項（昭和25年5月4日法律139号）に根拠を有する。

　しばしば指摘されるように，技官は国家公務員試験Ⅰ・Ⅱ・Ⅲ種における技術系試験等を経て採用され，各府省の（技官の細区分ごとに異なるが）特定の部局のみの異動（本府省・管区機関・都道府県事務所）を経て昇進する。この異動・昇進パターンは，キャリア事務官が各府省官房を含め複数の局を数年ごとに異動・昇進するパターンと明らかに異なる。技官の場合，本書でいう"共鳴盤"の基盤を強固ならしめる"畑"（専門分野）を有する傾向があるのに対し，事務官の場合は明確な"畑"を持たないことも多い。技官の"共鳴盤"の基礎をなす"畑"は，国交省の旧建設省系土木技官に典型的にみられるように，出身大学(院)の研究室を起点とする専門知のネットワークに身を置きつつ，本省と管区機関・都道府県事務所等とを往復しながらローカルな知にも精通していく"サケマス人事"の慣行に裏付けられている。

67　本書が分析対象としている2001(平13)～2004(平16)年度における本府省課長等に占めるキャリア公務員の割合については，人事院編『人事院白書』等に記載がない。本府省指定職ポスト，本府省課長等，及び地方支分部局に分けたキャリア公務員の人数が『人事院白書』に記載され始めたのは，2007(平19)年度以降である。

そのため，技官ネットワークから調達される情報リソースについては，比較的安定的・継続的な調達経路が形成されている。その結果，技官の専門知識が概して狭く深いのに対し，事務官の専門知識は概して広く浅くなる。技官制度を研究した藤田由紀子は，「省庁内の各局をまたぐ異動や他省庁や地方への異動の有無は，専門性の向上や行政官として必要な管理・調整能力の養成の可否と密接に結びつくと考える。限定された部局の中でのみ異動が行われるキャリア・パターンは，特定の政策領域における執務知識の蓄積や専門性の向上に寄与する反面，広い視野や迅速かつ適切な判断力が要請される管理・調整能力の養成には不利である。他方，政策領域を異にする各局間や地方局への異動，あるいは他省庁や地方自治体の出向は，管理・調整能力を向上させると考えられる」（藤田 2008：22）と述べている。

なるほど，各府省の所管課は，自ら実施・執行すべき政省令等案を自ら企画・立案するのであるから「よほどのことがない限り，実施・執行したくないものを企画・立案するはずがない」（大森 2006：152）。とはいえ，現在所属する局にて長期間勤務することが多い技官が課(室)長である場合と，数年すれば他局に異動するかもしれない事務官が課(室)長である場合とでは，パブリック・コメント手続を通じて外部から提出される意見に対する共鳴度は異なるはずだというのが，「共鳴盤としての所管課長」仮説に関する本書の理論的予想である。より具体的には，技官が課(室)長である所管課(室)が実施するパブリック・コメント手続では原案修正率がより低くなり，逆に事務官が課(室)長である所管課(室)が実施するパブリック・コメント手続では原案修正率がより高くなることが理論的に予想される。

かつて伊藤大一は，法令等の制定に係る本省幹部公務員のアイデンティティを「規則革新派」（伊藤 1980：99）と位置づけた。伊藤は，「上層公務員の任務は，一般的にみて，運用すべき規則そのものを制定するところにあるから，その変革をいとういわれはない。それどころか，現行の規則に執着すれば，それだけ権限も凍結した状態におかれることとな」るため，とりわけ下層公務員に対して「革新的たらざるをえない立場におかれている」と指摘している。伊藤のいう「規則革新派」というアイデンティティがキャリア事

務官たる本府省所管課(室)長によりあてはまるというのが本書の中心的仮説であり，この仮説を検証することにより伊藤のいう「行政立法一般についての包括的な研究」の一翼を担おうとするのが本書の主眼である。

　一般には，法令案の作成段階では事務官が多大な影響力を発揮するといわれる。しかし，新藤宗幸は，「官庁の意思決定では法制官僚が優位しているという言説を，根本から否定できないものの，意思決定のステージをどこに設定するかによって，法制官僚と技術官僚の関係性は，多様な像を結ぶ」とも述べている。例えば，「河川，道路，医薬品などの専門技術を必要とする領域で法令を作成する場合には，法制官僚もまた技術官僚の意向を無視できないはずである。法令作成技術を駆使しながらの条文作成は，法制官僚の『独壇場』であるとしても，法令などの性格によっては，法制官僚優位とばかりはいえない状況も存在しよう」(新藤 2002：31-32)。例えば，元内閣法制局長官を務めた工藤敦夫は，内閣法制局勤務当時，専門技術的性格の強い法令審査において技官からなされる説明に非常に苦労したことを以下のように述懐している。

> 「ある程度理解できるまでは，根掘り葉掘り訊きますよ。でも，こちらにもある限度がありますから，そこから先は，もうとても駄目。例えば，計量法という法律があります。これは，メートルとか単位が決まっているわけですね。この定義が，ものすごく難しいんですよ……。そうすると，あの当時ですと，計量研究所というところから専門の大先生に来てもらって，説明を聞く。そうすると，本当の大先生というのは，素人にも分かるように説明してくれますね。なまじっかな事務官のよく分かった人とか，技官のなまじっかな人の説明は，難しくて難しくて，分からないけれど……」[68]。

　もちろん，事務官・技官の種別といっても，各府省における技官の人事システム（採用の有無・程度と異動・昇進のパターン等）の実態は決して一様ではない。藤田由紀子によれば，技官に関する人事システムは，省庁再編前は以下の4つに分類されたという（藤田 2008：29）：

(a) 理工系ないし農学系区分の者を採用しておらず，あるいは採用してもごく稀で事務官として扱われるために，原則的には事務官だけで構成されていた省庁（旧大蔵省（本省），旧自治省，法務省，旧総務庁，旧経企庁など），
(b) 事務官と技官の人事が分離されることなく，一括して扱われていた省庁（旧通産省，旧国土庁，旧科技庁），
(c) 事務官と技官の人事が分離されており，省内のポストには事務官と技官の「棲み分け」はあるが，技官人事は試験区分にかかわらず一括して行われた省庁（旧労働省，旧文部省，警察庁），
(d) 事務官と技官の人事が分離されており，さらに技官の中でもいくつかの下位集団に分かれ，省内のあらゆるポストはどの集団或いは専門分野のものが占めるか明確に決められており，「棲み分け」が徹底されていた省庁（旧建設省，農水省，旧運輸省，旧郵政省，旧厚生省，旧環境庁）。

このため，以下の計量分析にあたっては，必ずしも採用段階の試験区分に囚われることなく，各府省における技官人事システムの実態に沿ったかたちで事務官・技官の峻別を行うことにする。

(3) 法令レヴェル仮説

パブリック・コメント手続の実施，とりわけパブリック・コメント手続を通じて提出された意見を考慮する段階では原課(室)長の判断が，行政手続法改正の前後を問わず重要だとしても，原課(室)長の判断が常に最終判断となるわけではない。政令レヴェルの規制案については，閣議決定が必要であること，内閣法制局参事官の細かなチェックを受けること，国会答弁や付帯決

---

68 工藤敦夫のオーラル・ヒストリーは，政策研究大学院大学における C.O.E. オーラル・政策研究プロジェクトの一環として実施され，2005(平17)年3月に『工藤敦夫オーラル・ヒストリー』として刊行されている。しかし，同書の複写や引用にあたっては本人の許諾が必要とされているため，本書での引用に際しては，同書からではなく西川（2006：446）からの引用とする。なお，筆者は，政策研究大学院大学附属図書館にて同書を閲覧し，内容の同一性を確認している。

議との関係を直接問われる可能性があること等から，法律の規定との関係がかなり厳しく問われる。他方で，省令以下の規制案は，各府省の官房総務課の審査さえ通せば，規制案の修正が可能となる。

そのため，パブリック・コメント手続を通じて提出された意見に"共鳴"した原課(室)長が原案修正について自らの意見を貫徹しやすいのは，上記制約が存在する政令レヴェルの規制というよりは，むしろそれ以下の省令等のレヴェルの規制だということになる。その意味では，規制案修正の裁量は，所管課(室)長からすれば，政令レヴェルの規制案よりも省令以下の規制案のほうが事実上広いことになる[69]。本書では，省令以下のレヴェルの規制案のほうが政令レヴェルの規制案よりも原課(室)長の原案修正への意向を貫徹しやすいとする仮説を法令レヴェル仮説と呼ぶことにする。したがって，この仮説によれば，政令レヴェルの規制案のほうが省令以下のレヴェルの規制案よりも原案修正率が低いことが理論的に予想される。

(4) 府省間コンフリクト仮説

(2)「共鳴盤としての所管課長」仮説及び(3)法令レヴェル仮説は，単一府省が所管する規制原案についての仮説であった。しかし，パブリック・コメント手続の対象となる規制原案には共管のそれも少なからず含まれている。そこで，以下の計量分析では省際関係の視点を付け加えることも有意義である。

さて，法令案作成段階における各府省間の紛争は，「覚書」を交換することで一端終了することが通例であった。これまで各府省間でどれくらいの量の「覚書」が交わされてきたかについて網羅的な研究はない。しかし，長野綾子らの研究によれば，1997(平9)〜1999(平11)年度の3ヶ年度において全省分とその他の主要官庁が取り交わした「覚書」の総数は2491件であったという（長野ほか2002：76）[70]。この研究から推察する限り，かつては各府省

---

69 この点については，平井文三氏（亜細亜大学特任教授）から示唆を受けた。ここに記して感謝したい。
70 同論文では，例えば，2省間で覚書を交わした場合には2件として重複計算している。

間で覚書が相当程度交わされていたことが推察できる。大森 彌によれば，「最近では公式の文書として覚書を作成すると情報公開法で開示させられるおそれがあるため覚書とは呼ばずにメモの形で『合意書を調停する』などということが多くなったという」(大森 2006：151-152)。「覚書」と呼ぶかどうかはともかく，今日もなお，府省間で法案作成段階において数多くの合意に係る内部文書等が取り交わされていることであろう[71]。

ところが，パブリック・コメント手続を通じて提出された意見につき複数の府省のうち一方が"共鳴"するに至ったとき，異なる「アイデンティティ」が再び衝突し，「覚書」等の手交を通じて調達された共管の規制原案を取り巻く合意の一部がいったん破棄され，規制原案の修正を目指した協議が再開される。しかも，同一府省における事務官・技官の「アイデンティティ」の衝突と比べ，府省を越えた「アイデンティティ」の衝突はより激しいものとなりがちである。そこで本書では，共管政令のパブリック・コメント手続では，提出された意見が関係府省間の「アイデンティティ」対立の引き金となるため，共管ではない政省令等に比べて規制原案に至る可能性が高いという仮説を府省間コンフリクト仮説と呼ぶことにする。したがって，この仮説からは，共管の政令案のほうがそうでない政省令等の案に比べて原案修正率が高くなると予想される。また，「アイデンティティ」の衝突の度合いに鑑みれば，共管政令の方が，所管課(室)長が事務官である場合よりも原案修正率が高いという理論的予想を導くことができる。

---

71 1998(平10)年3月，村岡内閣官房長官（当時）が，「公益を害する場合などを除き」覚書を原則公開すべきだという国会答弁を行った（朝日新聞1998(平10)年3月21日朝刊7面）。しかし，2009(平21)年10月26日の鳩山首相（当時）による「省庁間の覚書も世の中に明らかにしてまいります」という施政方針演説からは，1998(平10)年以降も何らかのかたちでこれに代わる文書等が作成されたことを推察させる。

第Ⅱ部　パブリック・コメント手続の実証分析

第2節　仮説の検証

(1) データ・セット ─────────────

　本節では，上で示した複数の仮説の優劣について計量分析を用いて検証する。本書が用いるデータ・セットは，既に第1章で述べたように，総務省行政管理局による4カ度年分（2001(平13)〜2004(平16)年度）の「状況調査」を基礎にする。具体的なパブリック・コメント手続の実施日としては，2001(平13)年4月1日から2005(平17)年3月31日までの間にパブリック・コメント手続の結果の公示等と命令等の制定に至った案件に限っている[72]。

　「状況調査」に含まれている各種データのうち提出意見数については，同一あるいは関係・系列団体による大量提出（運動）の可能性が以前から指摘されていることを考慮に入れておく必要がある。例えば，企業・団体等や個人が作成した意見のひな型を参考にして複数の企業・団体等や個人が（あるいはその名を騙って）類似した意見を提出している場合，提出された意見数をそのまま用いて分析すると，分析結果に歪んだ影響が及んでしまう。

　例えば，2004(平16)年度に実施されたパブリック・コメント手続のうち環境省が実施した「特定外来生物による生態系等に係る被害の防止に関する法律」に基づく特定外来生物等の選定に係る意見募集（意見募集期間：2005(平17)年2月3日〜3月2日）では，11万を超える意見が寄せられている（**図表5-6**）。この案件は，マスコミ等でもブラックバスやカミツキガメの規制で話題となった（白岩2005a：17）。これを，個人・団体等がお互いの連絡や連

72　上記期間内に結果の公示等と命令等の制定に至った案件であっても，意見の集計欄が「未集計」（2002(平14)年度に国交省が実施したパブリック・コメント手続13件）となっていたり，対象が法律案（2003(平15)年度に国交省が実施した「自動車関係手続における電子情報処理組織の活用のための道路運送車両法等の一部を改正する法律案」についてのパブリック・コメント手続の1件）であったりする場合には，以下の考察から除外している。後者は本来，旧閣議決定対象外案件である。

120

携なしに自発的に意見を提出した結果であるとみることはできない。また，先に紹介した学習指導要領についてのパブリック・コメント手続においては，提出された意見はファイル21冊分に上ったが，「その中身となると，似た書式，まったく同じ文言の意見が大半を占めていた」という。団体によっては「パブコメの『ひな型』も公表」しており，「ファクスと郵送で寄せられた意見の9割以上はこうしたひな型に基づいていた。『総則』を『錦則』，『乏しい』を『之しい』と書いた意見が複数見つかり，誤ったひな型を写した可能性もある」という[73]。しかし，全てのパブリック・コメント手続についてひな型を用いた意見提出の有無を調査することは不可能である。

図表5-6：特定外来生物に関するパブリック・コメント手続を通じて提出された意見数

	メール	ファックス	郵送	合計
個人	50,028	24,703	38,521	113,252
団体	87	171	282	540
計	50,115	24,874	38,803	113,792

出典：環境省ホームページにより筆者作成

そのため，本書では「状況調査」に掲載された4カ年度分のパブリック・コメント手続のうち1件以上の意見が提出された1070件について外れ値検定（スミルノフ・グラブス検定）を行った。その際，統計的な有意水準を1％と厳しめに設定し，実施された全てのパブリック・コメント手続のうち統計上明らかに外れ値と推定されるそれだけを除外することにした。外れ値検定の結果，76件以上の意見が提出されたパブリック・コメント手続94件を外れ値として除外し，提出意見が1〜75件の計976件を直接の分析対象とした。なお，「状況調査」の「共管」欄に共管府省が記載されている場合，(a)各府省で個表が別個に掲載されていても提出意見数が同一の場合にはまとめて1件とし，(b)提出意見数が異なる場合には府省ごとに1件としている。そのため，外れ値を除外する前の合計数である1070件は，4カ年度分

73　朝日新聞2008(平20)年5月16日朝刊3面。

の「状況調査」のうち1件以上の意見提出がなされた件数の単純合計数よりも少なくなっている。

　次に，所管課の課(室)長についての事務官・技官の種別についてである。まず，「状況調査」のうち「担当課欄」の欄に室等が記載されている場合，課長ではなく室長等[74]の事務官・技官の種別を用いた。ある課(室)長等の事務官・技官の種別については，原則として所管課(室)長等の出身大学(院)とその後のキャリア・パスを用いて事務官・技官を判別した。課(室)長等の出身大学(院)に関するデータは，毎年度春・秋に出版されている『政官要覧』(政官要覧社)に加え，総務省・財務省・文科省・厚労省・農水省・経産省・国交省・環境省の8省については，各年度出版されている米盛康正編著『各省年鑑』(時評社)，警察庁・総務省(旧自治省)・財務省・文科省・厚労省・農水省・経産省・国交省(旧運輸省・旧建設省)のキャリア事務官については2006(平18)年度及び2007(平19)年度の『主要省庁年次別事務Ⅰ種職員名簿』(国政情報センター)，防衛省については毎年度出版されている『自衛隊年鑑』(防衛日報社)，をそれぞれ利用した。しかし，上記書籍を用いても稀に事務官・技官――その大半はいわゆるノンキャリア職員であると思われる――の別を判断できないときがある。その場合には，当該課(室)長等及び前任者・後任者のキャリア・パターンに基づいて事務官か技官かを推定した。

　但し，既にみたように，事務官・技官の種別といっても各府省によって技官の採用の程度やその後のキャリア・パターンには差異がある。特に，経産省は1988(昭63)年以降徐々に専門分野ごとのポストの棲み分けを廃止したり，技官人事の一括化を図ったりする慣行を推し進め，今日では事務官・技官の一元的選考にまで至っている(藤田2008：38)。そのため，以下の計量分析では，経産省の課(室)長が出身大学(院)等から判断して技官の場合であっても全て事務官として取り扱っている。

---

[74] 課(室)長以外の記載として，例えば，「参事官」・「入国管理官」(いずれも法務省)の記載がある。

なお，上記の『政官要覧』等では，本省課(室)長等の着任日は，例えば「7月着任」としか記載されておらず，正確な着任日を確定することは他の媒体を用いても困難である。そのため，着任が例えば「7月」あるいは「8月」と記載されている場合，7月1日あるいは8月1日の着任とし，異動が集中する7～8月についてはその前任者・後任者の事務官・技官の種別も調査した。また，パブリック・コメント手続のいかなる時期に就任している課(室)長等を本書で用いる課(室)長等のデータとして用いるかであるが，本書ではパブリック・コメント手続の募集期間終了日の課(室)長等とした。本来であれば，本書が用いる課(室)長等の事務官・技官に係る種別のデータは，パブリック・コメント手続の結果等の公示日(直前)が望ましいかもしれない。しかし，そうしなかった理由は，第1章で紹介した行政手続法に係る過誤行政のように，パブリック・コメント手続の結果の公示日がパブリック・コメント手続の募集期間終了日からかけ離れているケースが少なくないからである。

(2) 分析結果

以下では，2001(平13)年4月1日～2005(平17)年3月31日までに結果の公示等と命令等の制定に至ったパブリック・コメント手続のうち1～75件の意見が寄せられた976件のパブリック・コメント手続につき，ロジスティック回帰分析を行う。

本章で行う回帰分析における被説明変数は，規制原案の修正の有無（1＝修正あり，0＝修正なしのダミー変数）としている[75]。先行研究では，被説明変数を単なる修正の有無とせず，規制緩和あるいは規制強化といった修正の内容ないし方向性に着目している（例えば，Yackee 2006；Naughton et al. 2009）。正確を期するのであれば，修正内容を分析して実質的な修正と形式・

---

[75] なお，提出された意見を考慮した結果，規制原案を修正することなく再度意見を募集した案件については，「状況調査」では「修正事項なし」とされている。本書でも，形式的には修正はなされていたいため，「修正なし」に算入している。この実例は2002(平14)年度に1件存在する。

技術的な修正（例えば，文言や表現の仕方の修正）とを分けた上で前者のみを取り出し，その上で，先行研究のように修正の内容・方向性ごとに（例えば，規制強化かそれとも規制緩和か）被説明変数を整理すべきであろう。しかし，これらを正確に区分することは非常に困難な作業であり，文脈的知識を欠いたままでの被説明変数の機械的な操作化には問題が残る。そのため本書の計量分析では，修正の内容や方向性を問わない単純な修正の有無を被説明変数とする。修正内容の分析については，計量分析とは別に，本章の補論で立ち入って論じることにする。

次に，説明変数は上記の5つの仮説に対応して以下の6つを用意した。

(a) 共管の有無（共管＝1，共管なし＝0のダミー変数。府省間コンフリクト仮説）
(b) 法令のレヴェル（省令以下＝1，政令＝0のダミー変数。法令レヴェル仮説）
(c) 特別周知（周知あり＝1，周知なし＝0のダミー変数。業界応答仮説）
(d) プレ接触（プレ接触あり＝1，プレ接触なし＝0のダミー変数。業界応答仮説）
(e) 意見数（1〜75件。（制約された）広範囲応答仮説）
(f) 課(室)長等（事務官＝1，技官＝0のダミー変数。共鳴盤としての所管課長仮説）

図表5-7は，被説明変数と上で示した6つの説明変数についての記述統計である。この記述統計からは，976件のうち規制レヴェルの大半が政令より下の省令等であること（平均値≒0.856），全体に占める共管政令はわずかであること（平均値≒0.034），特別周知やプレ接触の制度は各府省でさほど積極的に利用されているわけではないこと（平均値≒0.224, 0.075），及び，所管課の課(室)長等の過半数が事務官であること（平均値≒0.614），の諸点を読み取ることができる。

第3に，ロジスティック回帰分析の結果についてである（**図表5-8**）。モデル係数のオムニバス検定では有意確率が0.01以下であり，求めたロジスティック回帰は1％有意で予測に有効である。また，モデルの当てはまりの良さを表す Cox & Snell R^2 は0.108，Nagelkerle R^2 は0.164であった。さら

図表5-7：記述統計

変数	度数	最小値	最大値	平均値	標準偏差
共管ダミー	976	0	1	0.034	0.181
法令ダミー	976	0	1	0.856	0.352
特別周知ダミー	976	0	1	0.224	0.417
プレ接触ダミー	976	0	1	0.075	0.263
意見数	976	1	75	11.825	14.960
課(室)長等ダミー	976	0	1	0.614	0.478
修正	976	0	1	0.225	0.418

出典：筆者作成

に，求めたモデルがデータに適合することを示すHosmer-Lemeshowの検定の有意確率は0.729で有意水準の5％を上回っている。

　第4に，方程式中の説明変数については，「共管ダミー」，「法令ダミー」，「意見数」，及び「課(室)長等ダミー」の4変数が1％有意であり変数としての妥当性が検証された（図表5-8）。また，いずれの変数の符号もプラスの係数という計算結果になった。つまり，本書の計量分析は上で示した仮説のうち，「（制約された）広範囲応答」仮説，「共鳴盤としての所管課長」仮説，法令レヴェル仮説，及び府省間コンフリクト仮説の4つの仮説をサポートしている。すなわち，非共管よりは共管の，政令よりは省令以下の規制案について，パブリック・コメント手続を通じて意見が寄せられれば寄せられるほど，所管課(室)の長等が技官よりは事務官の場合に，パブリック・コメント手続を通じて規制原案が修正されるのである。

　これに対し，「特別周知」と「プレ接触」は10％有意にも満たなかった。「プレ接触」が有意にならなかった要因の一つには，意見の募集期間が30日を下回ったときにのみ「プレ接触」が記載される。そのため，意見の募集期間が30日程度を確保した場合に実施されている「プレ接触」がデータ・セットに含まれていないことが影響しているかもしれない。また，「特別周知」については，本書が行った計量分析の結果では，その本来の制度趣旨である規制側と被規制側との間に存する情報の非対称性を緩和するという機能を発揮してはいない。この点は，第4章で述べた，パブリック・コメント手

第Ⅱ部　パブリック・コメント手続の実証分析

図表 5-8：ロジスティック回帰分析の結果

	B	標準誤差	Wald	自由度	有意確率	Exp(B)
共管ダミー	1.480	0.390	14.402	1	0.000	4.393
法令ダミー	1.370	0.305	20.195	1	0.000	3.935
特別周知ダミー	0.134	0.197	0.464	1	0.496	1.1438
プレ接触ダミー	-0.314	0.337	0.865	1	0.352	0.731
意見数	0.043	0.005	69.0180	1	0.000	1.044
課(室)長等ダミー	0.650	0.185	12.378	1	0.000	1.915
定数	-3.530	0.351	100.870	1	0.000	0.029

出典：筆者作成

続を通じて提出される意見数の少なさについて本書が支持する「意図的な未提出」仮説と符合する。

　最後に，4つの説明変数が被説明変数に与える影響力の強弱について述べたい。図表 5-8 の最右欄において最もオッズ比が高いのは「共管ダミー」(4.393) である。つまり，"日常の官僚制"は府省の組織間関係に強く規定されてパブリック・コメント手続を実施していることが分かる。しかし，パブリック・コメント手続は共管でなくかつ省令以下のレヴェルの規制案が非常に多いことを考えると，大半のパブリック・コメント手続では，外部から提出される意見数の多寡 (1.044) よりはむしろ課(室)長等の事務官・技官の種別 (1.915) によって規制原案の修正の有無が決せられることが分かる。すなわち，"日常の官僚制"は，オフィシャルなパブリック・コメント手続の段階では，自らを取り巻く外部環境がもたらすインパクト以上に，自らの構造的要因，換言すれば彼(女)らの組織内に醸成された「適切さの論理」に依拠して行動しているのである。

　以上，本章では，オフィシャルなパブリック・コメント手続の機能につき，行政官僚制の外部環境に関する仮説と行政官僚制の内部構造に関する仮説を設定した上で，計量分析を通じてその妥当性を検証した。
　本書の計量分析は，大半のパブリック・コメント手続では，通俗的な想定

第 5 章　パブリック・コメント手続における行政官僚制の行動

と異なり，各府省は外部から提出される意見に対して部分的にではあれ応答的に行動しているとする「(制約された) 広範囲応答」仮説を支持している。その意味では，規制の立案段階における企業・団体等による早期の参加のほうがより影響力が強いとしても，ウェストとともに「パブリック・コメントはときに有益な情報を提供し，初期段階における参加のアンバランスさの修正に一役買っている」(West 2009：592) ということができる。

　他方で，本書が行った計量分析は，提出される意見の多寡よりは，むしろ外部からの意見に"共鳴"する課(室)長等の属性によって規制原案の修正の有無が決せられているという「共鳴盤としての所管課長」仮説も支持している。すなわち，"日常の官僚制"は，オフィシャルなパブリック・コメント手続の段階では，提出される意見の内容以上に，自らの構造的要因，換言すれば彼(女)らの組織において醸成された価値・規範・文化などを規範とする「適切さの論理」に依拠して行動しているのである。その意味では，再びウェストとともに，パブリック・コメント手続という「手続的要請を通じて行政レヴェルの政策決定における民主主義的価値を促進することには限界がある」(West 2009：595) とみることもできよう。

〈補　論〉　修正の性格分析

　本章で行ったロジスティック回帰分析における被説明変数は，さしあたり修正の内容や方向性を問わない単純な修正の有無（1＝修正あり，0＝修正なしのダミー変数）とした。しかし，本書のデータ・セットにおいて「修正あり」とした案件の中には字句や表現の訂正といった形式的・技術的な修正も含まれている。たしかに，この種の修正はパブリック・コメント手続を通じて提出された意見を受けたものであり，意見が提出されなければ各府省が字句の誤りや表現の不適切さに気付かない限り修正に至らなかったであろうと推察される。その意味では，政省令等の形式的・技術的な修正であろうとこれにとどまらない実質的な修正であろうと，パブリック・コメント手続に本来期待された参加機能が発揮されたという点では差違はない。とはいえ，政省令等の形式的・技術的な修正は，修正後の各府省の行動に大きな変更を及ぼすものでもなかろう。したがって，修正された全件数のうち形式的・技術的修正の占める割合が高ければ高いほど，本章で検証した仮説の妥当性が疑われることになる。

　そこでここでは，本章の計量分析とは別個に，パブリック・コメント手続を通じてなされた政省令等の案の修正が形式的・技術的な修正かそれともこれにとどまらない実質的な修正なのかを，一定の指標を設定した上で区分し，本章の計量分析に基づく解釈を見直す必要があるか否かを述べてみたい。

　さて，各府省による政策立案行動のなかでも霞ケ関における「修文」（字句を修正すること。参照，城山ほか 1999：126）は，非常に重要な作業の一つである。素人目には規制内容に中立的な修正であっても行政機関の側には隠れた（規制強化あるいは規制緩和の）意図が存在する（と疑われる）ことが少なくない。例えば，「完全民営化」と「完全な民営化」という用語の意味の違い――前者は民営化の法人形態が限定的，後者は民営化のために法人形態の幅広い選択が可能――を，あるいは「幼保一元化」と「幼保一体化」の異

同——前者は幼稚園・保育園という異なる制度を一つにすること，後者は幼稚園・保育園の運営を一体化すること——を瞬時に理解できる人はそう多くはなかろう。そのため，パブリック・コメント手続において各府省が行った政省令案等の修正が持っている真の意味を外部から推し量るのは困難だと考えることもできる[76]。

しかし，「霞ヶ関文学」と揶揄される独特の法制技術が本領を発揮するのは，法律案や閣議決定あるいは審議会等から政府への勧告文書など各府省の所管を越えた政府全体の政策を立案する局面が大半である。しかも，各府省がこの法制技術を積極的に駆使するのは，主に，府省の利益に合致しない政治家や審議会等委員の意向が政策に反映することを抑止するためだと推測される。したがって，原則として府省の所管を越える案件が少なく原則として作業が府省内で完結するパブリック・コメント手続においては，各所管課（室）が独自の法制技術を駆使するインセンティブはさほど働かないと考えることができる。

そのため，以下では，2001（平13）～2004（平16）年度に実施されたパブリック・コメント手続において原案を修正した263件（2001（平13）年：42件，2002（平14）年：54件，2003（平15）年：83件，2004（平16）年：84件）につき，当該修正が形式的・技術的修正に該当するのか実質的修正に該当するのかを試論として分類する。その際に最も重要なのは，いかなる指標を用いて両者を判別するかである。「状況調査」のうち「修正事項の有無」（「修正前の内容」と「修正後の内容」）欄には，原案修正が規制の実質的な変更を伴わない形式的・技術的修正であることを窺わせる以下のような記述がみられる。

---

[76] 元経済産業省職員の原 英史（原2010）は，「霞ヶ関修辞学」のバリエーションとして，(1)「延引の修辞」（期限を切らないことにより当面は何もやらなくてよいとすること），(2)「誇張の修辞」（現実の可能性はないのに，重大問題に発展する「おそれ」があると言い立てること），(3)「拡散の修辞」（複数の問題が関連することを挙げ，問題処理を先送りすること），(4)「空文の修辞」（条文の要件が空文になっていて，実際の運用は原則と例外をひっくり返す仕掛けが施されていること），(5)「無法の修辞」（無理筋ではあるが，例えば「超法規的」という表現で行為の合法性を説明すること）などを挙げている。

- 「案文上の表現につき修正意見があり……」
- 表現が「不明確であった」ので「明示した」
- 「誤解を招く」ので「誤解の無いよう」にした
- 「誤解を避けるため……」
- 「文章表現等の不統一について，必要な修正を実施」した
- 「誤字」
- 「文章表現及び用語の使用が不統一」

　したがって，「修正事項の有無」欄において上記の表現等が用いられた規制原案の修正は，実質的な変更を伴わない，形式的・技術的な文言・表現の修正あるいは訂正に相当すると考えることができる。逆に，原則としてかかる表現が用いられていなければ，全て規制緩和あるいは規制強化を伴う「実質的な修正」とみなすことができよう。もちろん，その場合でも，形式的・技術的な修正かそれとも実質的な修正かを判別することが困難な境界事例が複数存在することは，率直に認めざるを得ない。

　例えば，農水省「飼養衛生管理基準案についての意見・情報の募集」（募集期間：2004（平16）年7月15日～8月13日）では，パブリック・コメント手続を通じて，

（修正前の内容）家畜の伝染病の発生の予防に関する<u>知識及び技術</u>の修得に努めること

（修正後の内容）家畜の伝染病の発生の予防に関する<u>知識</u>の修得に努めること

という修正がなされている（下線部は修正部分）。たしかに，「及び技術」の部分が削除されているため上記の判別基準からすれば実質的な修正といい得る。しかし，そもそもこの条項が努力義務規定（「……に努めること」）であることを考えると，実質的な規制緩和をもたらす原案修正と判断しうるかどうかは厳密に言えば難しい。

　さて，図表5-9は，上記の基準に基づいて分類した，全ての原案修正案件に占める実質的な修正案件の割合を示したものである。年度によって幾分

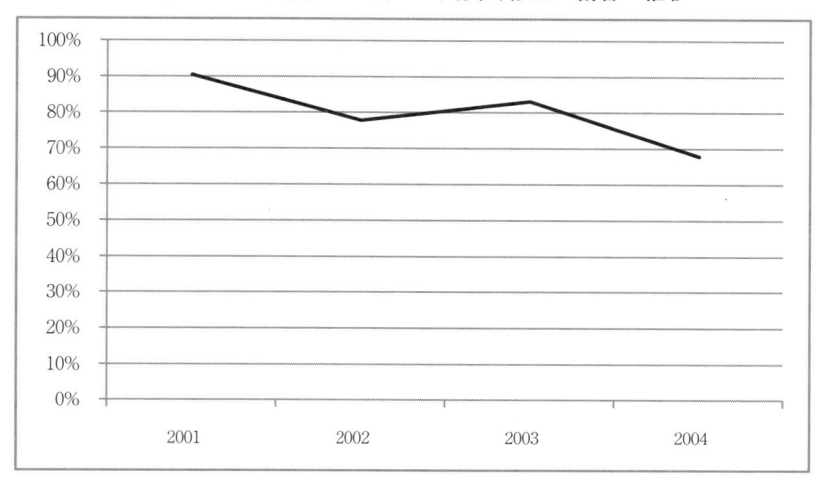

図表5-9：原案修正に占める実質的修正の割合の推移

出典：筆者作成

ばらつきがあり年度を経るにつれて減少しつつあるものの，全ての原案修正のうち3分の2以上が形式的・技術的な修正にとどまらない実質的修正に相当する。つまり，パブリック・コメント手続において提出された意見は，規制案の内容を形式的・技術的のみならず実質的に変更させているのである。

仮に，以上の分類結果が妥当だとしても，社会・経済にもたらす影響がマージナルなレヴェルにとどまる原案修正まで「実質的修正」のカテゴリーに含まれている可能性がある。また，たとえパブリック・コメント手続を通じて原案が修正されるに至ったとしても，パブリック・コメント手続の対象となった政省令等の根拠法律の妥当性（Geltung）そのものを否定することにはならず，大枠としての規制政策は存続している。

しかし，パブリック・コメント手続において提出される意見は，ときに，原案の修正というレヴェルにとどまらず，各府省による原案の撤回と原案の再提出に至るほどの影響力を持つことも事実である。これを裏付ける事実は，「意見公募手続を実施したが，意見公募後の事情変更により，命令等を公布・決定等しなかった案件」（以下，「不公布・未決定等案件」と略）に係る

データである。

　不公布・未決定等案件は，旧閣議決定段階では集計されていなかった。しかし，例えば，2002(平 14)年度の「状況調査」では，「電波法関係審査基準等の一部改正に対する意見の募集」（実施期間：2002(平 14)年 8 月 28 日～9 月 27 日）において，「提出された 11 件の意見を検討した結果，改めて改正案を作成して再度意見募集を行った」旨の記載が既に存在していた。つまり，不公布・未決定等案件は行政手続法改正前から存在していたことが分かる。

　不公布・未決定等案件は行政手続法改正以降も存在し，2006(平 18)年度以降は「状況調査」のなかで毎年度公表されている（**図表 5 − 10**）。例えば，2006(平 18)年度の「状況調査」には，不公布・未決定等案件 8 件のなかに「提出された意見を受けて，今後の方針を再検討する」案件が存在した旨記載がなされている（総務省行政管理局 2007）。実際に，「電子政府の総合窓口」（e-Gov）を利用して「行政手続法に基づく手続（命令等をさだめないもの）」を検索[77]すると，13 件がヒットする（但し，**図表 5 − 10** の案件とは必ずしも一致しない）。そのうち，少なくとも 4 件では，何らかの意見がパブリック・コメント手続を通じて提出され，その内容が政省令等の不公布・未決定等につながった可能性がある。

　具体的に挙げるならば，国交省が実施した「道路運送車両法施行規則等関係規則（自動車騒音関係）の一部改正に係るパブリックコメント」（意見募集期間：2006(平 18)年 12 月 27 日～2007(平 19)年 1 月 31 日）では 2042 件の意見が寄せられた結果，「意見公募手続を実施したにもかかわらず命令等を定めないこととした場合はその旨」欄において，「寄せられたご意見を踏まえて，『自動車排気騒音対策検討会』で追加検討します」と記載されている。また，経産省が実施した「商標法第 4 条第 1 項第 2 号，第 3 号及び第 5 号の規定に基づく告示に関する意見募集」（実施期間：2008(平 20)年 5 月 1 日～5 月 30 日）では，「意見公募手続を実施したにもかかわらず命令等を定めないこととした場合はその旨」欄において，「お寄せ頂いた御意見を踏まえ，『商

77　なお，「電子政府の総合窓口」（e-Gov）による検索時は，2010(平 22)年 3 月 31 日である。

第 5 章　パブリック・コメント手続における行政官僚制の行動

図表 5-10：不公布・未決定等案件の推移

年度	2006	2007	2008	計
不公布・未決定等全案件	8	2	4	14
そのうち厚労省	3	1	0	4
そのうち農水省	1	0	1	2
そのうち経産省	0	0	3	3
そのうち国交省	3	1	0	4
そのうち環境省	1	0	0	1

出典：総務省ホームページに基づき筆者作成

標法第 4 条第 1 項第 2 号，第 3 号及び第 5 号の規定に基づく告示に対する意見募集について（再度）』を実施することとなりました」とされ，再度の意見募集を行うに至っている。

つまり，パブリック・コメント手続の案件によっては，提出された意見が原案修正というレヴェルでは解決し得ない問題を指摘した結果，政省令等案を再度練り直させ，あらためてパブリック・コメント手続（すなわち「第 2 ラウンド」（常岡 2007：70）のパブリック・コメント手続）を実施させるほどのインパクトを与え得るのである[78]。

以上，この補論では，パブリック・コメント手続を通じて提出された意見を受けた政省令等案の修正がいかなる性格を持っているのかについて，試論として類型化した。その結果，(1)原案修正に至った大半が文言の訂正や表現の明確化等といった形式的・技術的な修正というよりは，むしろ規制緩和や規制強化を伴う実質的な修正であること，また(2)原案修正は，通常，政省令等の根拠である法律等を見直させるわけではないものの，案件によっては政省令等案を一端撤回させ再度のパブリック・コメント手続を余儀なくさせること，を明らかにした。つまり，各府省側は，オフィシャルなパブリック・コメント手続を通じて，一定の社会的・政治的制約を受けつつも広範囲に応

---

[78] 再度のパブリック・コメント手続が場合によってなされることは，行政手続法の予定するところでもある（同法 43 条 4 項但書）。

答しているのであり，逆にいえば，意見提出者はパブリック・コメント手続を通じて政省令等案の内容に一定の影響を与えているのである。

　西尾　勝は，「規制行政についてのパブリック・コメント制度」は，行政手続法や情報公開法等とともに，「『護送船団行政』の規制行政に代表される政官業の『鉄のトライアングル』と称された癒着構造……など，その底辺を恩顧主義（clientelism）の政治行動様式に支えられている戦後政治の基盤構造そのものに改革のメスを入れようとするものであった」（西尾 2001：119）と述べている。本書のこれまでの分析を総合すれば，日本の中央政府レヴェルにおけるパブリック・コメント手続の導入は，「戦後政治の基盤構造そのものに改革のメスを入れ」ることに一定程度成功したということができよう。

◆ 第6章
規制影響分析とパブリック・コメント手続

第1節　各府省における規制影響分析の実施状況
第2節　規制影響分析の義務づけが行政官僚制に与える間接的影響？
第3節　規制影響分析の義務づけが行政官僚制に与える直接的影響？

　政策立案過程における新たな政策情報の公開は，行政官僚制に対する企業・団体等や市民のいかなる行動を誘発するであろうか。また，行政官僚制内における新たな政策情報の産出と利用は，立案される政策内容にどのようなインパクトを与えるであろうか。本章の目的は，2007(平19)年10月に中央政府レヴェルで義務づけられるに至った規制影響分析を素材に，政策情報の追加的作成・公表がパブリック・コメント手続に係る行政官僚制の行動に対し直接・間接に与える影響を記述・分析することにある。

　規制影響分析（regulatory impact analysis）とは，一般に，政府による規制の新設・改廃が社会・経済にもたらすと予想される費用や便益あるいは効果を事前に分析することをいう。先行文献が指摘するように，規制影響分析は，1980年代前半にアメリカのレーガン政権において初めて制度化され，英国をはじめとするアングロ・サクソン系諸国において既に普及している（例えば，山本（哲）2009；大山2002；宇賀2000；通商産業省1999）。また，そのタイプは異なるものの，類似の規制影響分析制度を導入する試みは，ドイツやオランダなどの非アングロ・サクソン系諸国にも広がりをみせている（齋藤2007；農林水産政策情報センター2007；原田2001）。このように，各国における規制影響分析導入の経緯やその具体的な制度・手法については，しばしば紹介がなされてきた。また，規制の事前評価書の質（の向上）についても経済学者を中心に議論がなされてきた（岸本2008a）。しかし，管見によれば，規制影響分析の実施がパブリック・コメント手続に係る行政官僚制の行動に与える政治的影響についての実証研究は存在しない。本章執筆の主たる

動機はここにある。

　さて，規制は「行政機関が行う政策の評価に関する法律」（いわゆる政策評価法，2002（平 14）年 4 月施行）において予定されていた最後の評価対象であった。政策評価法 9 条は，主要施策を網羅して実施する事後評価のみならず「個々の研究開発，公共事業及び政府開発援助を実施することを目的とする政策その他の政策」について，政策効果把握の手法等の開発を前提とした事前評価を各省に義務づけた。規制はこのうち「その他の政策」の典型例として当初から念頭に置かれていた[79]。ただ，その試行や実施は，政策評価法施行後の課題として先送りされていた。

　その後，総務省は規制の評価手法について研究会を立ち上げた後，2004（平 16）年に報告書を取りまとめた[80]。加えて，これを先行する政策評価諸制度に接合すべく，2005（平 17）年には規制の政策評価に関する研究会を設置した。この研究会設置と平行して，総務省は 2 度の閣議決定[81]を通じ，2006（平 18）年度中に政策評価法の枠組みの下で規制について事前評価を義務づけるために必要な措置を講ずることとされた。各府省においても，内閣府が作成した実施要領[82]に基づき規制影響分析の試行が進められた。試行件数は，2004（平 16）年 10 月からの 3 年間で 247 件に上った。その結果，規制影響分析は，政策評価法施行令の改正（6 条 3 号，2007（平 19）年 3 月）により，2007

79　政策評価の手法等に関する研究会「最終報告書」（2000（平 12）年 12 月 11 日），http://www.soumu.go.jp/hyouka/matome1.htm；総務省行政評価局「政策評価に関する標準的ガイドライン」（2001（平 13）年 1 月 15 日），http://www.soumu.go.jp/hyouka/gaido-gaidorain1.htm

80　規制に関する政策評価の手法に関する研究会「規制に関する政策評価の手法に関する調査研究・報告書」（2004（平 16）年 7 月 22 日），http://www.soumu.go.jp/hyouka/kisei040722.html

81　閣議決定「行政改革の重要方針」（2005（平 17）年 12 月 24 日），http://www.kantei.go.jp/jp/singi/gyokaku/kettei/051224housin.pdf；同「規制改革・民間開放推進 3 か年計画（再改定）」（2006（平 18）年 3 月 31 日），http://www8.cao.go.jp/kisei-kaikaku/old/publication/2005/0331/index.html

82　内閣府「規制影響分析（RIA）の試行的実施に関する実施要領（抄）」（2004（平 16）年 8 月 13 日），http://www.soumu.go.jp/hyouka/seisaku_n/zizenhyouka/ria_20060331.pdf

(平19)年10月から義務づけられるに至った。

　また，規制影響分析の義務づけは，政策評価法が想定していた最後の評価対象であるのみならず，規制の政省令案等に関するパブリック・コメント手続においても重要な意義を有している。パブリック・コメント手続に関し興味深いのは，既にパブリック・コメント手続についての旧閣議決定段階において，公表が義務づけられる「当該案等に関連する資料」の一例として「当該規制の設定又は改廃によって生じると思われる影響の程度・範囲等」が掲げられていたことである。規制の新設・改廃に係るパブリック・コメント手続において規制影響分析の結果を可能な限り公表する仕組みが導入されたことは，当時，「すごく大きなこと」あるいは「非常に重要」（小早川ほか1999：75）と受け止められた。

　ところが，規制の新設・改廃に係るパブリック・コメント手続に際し必要に応じて規制影響分析を実施せよという閣議決定のメッセージは，各府省の聞き入れるところとはならなかった。2004(平16)年から規制影響分析が試行されたことはこれを端的に示している。2005(平17)年のパブリック・コメント手続法制化の段階でも，「当該命令等が定められることによって生じると思われる影響の程度や範囲が示された資料や代替案との比較結果（いわゆるRIA（規制影響分析））」が，パブリック・コメント手続に添付されるべき「関連資料」の一つとして掲げられた[83]。しかし，各府省に規制影響分析を義務づけるに至らなかった点は閣議決定段階と何ら変わりはない。つまり，規制影響分析の義務づけは，規制の新設・改廃に際して様々な手法を駆使しつつも規制の質的向上に苦慮してきた政府にとって，足かけ9年に及ぶ"悲願"であった。

　そこで，以下の分析では，規制影響分析の義務づけがパブリック・コメント手続に係る行政官僚制の行動にどのような影響を与えたのかを実証的に分

---

[83] 総務省行政評価局長「行政手続法第6章に定める意見公募手続等の運用について」（総管139号，2006(平18)年3月20日），http://www.soumu.go.jp/gyoukan/kanri/tetsuzukihou/pdf/ikenkoubo_unyou.pdf

析する。

　具体的には，まず，本書における分析対象を画定するため，義務づけ開始から1年間（パブリック・コメント手続の公示日：2007(平19)年10月1日～2008(平20)年9月30日）に実施された各府省の規制影響分析について概観する。

　その上で，各府省が上記期間に実施したパブリック・コメント手続（ただし，行政手続法に基づく手続に限る。以下，同じ）のうち規制の事前評価書が「関連資料」として添付されたパブリック・コメント手続において，規制の事前評価書が添付されていないそれと比べて企業・団体等や市民から提出された意見数に差異が生じたのか否か，及び，差異の有無を規定する要因は何かを分析する。つまり，ここでの考察対象は，パブリック・コメント手続に係る行政官僚制の行動に間接的に影響を与えうる，企業・団体等や市民から提出された意見の増減である。

　さらに，各府省が上記期間に実施したパブリック・コメント手続のうち規制の事前評価書が添付されたパブリック・コメント手続において，規制の事前評価書が添付されていないそれと比べて規制案の修正率に差異が生じたのか否か，及び差異の有無を規定する要因は何かを分析する。つまり，ここでの考察対象は，規制影響分析の義務づけがパブリック・コメント手続に係る行政官僚制の行動に直接影響を与えたエビデンスとしての規制案の修正率の増減である。

　これらの分析を通じて，規制影響分析の義務づけが各府省における他の政策評価に係る実務に影響を与えたというよりは，むしろ政策評価のルーティン活動から逆に影響を被っていることを論証したい。

第1節　各府省における規制影響分析の実施状況

　規制影響分析は，3年間の試行期間経過後，各府省によってどの程度実施されたのだろうか。また，実施された規制影響分析のうちどの程度がパブリック・コメント手続の「関連資料」として公表されたのであろうか。本節

第6章　規制影響分析とパブリック・コメント手続

では，次節以降の分析対象を画定するため，各府省における規制影響分析の実施状況について概観する。

(1) 規制影響分析の実施状況

さて，各府省のウェブ・サイトによれば，各府省が規制影響分析の試行期間経過後1年間に実施した規制影響分析の総数は126件に上る（図表6-1）。たいていの場合，規制の事前評価書は各府省における「政策評価」のウェブ・サイトにおいて公表されている。しかし，各府省のウェブ・サイトから得られる情報だけでは，規制影響分析の正確な実施・公表時期がいつなのか判断が難しい場合がある[84]。そのため，図表6-1の作成にあたっては，1評価書＝1件とカウントし，かつウェブ・サイトの見出し欄あるいは規制の事前評価書に記載された実施期日のいずれかが2007(平19)年10月1日〜2008(平20)年9月30日に該当すれば1件として取り扱っている。

また，パブリック・コメント手続（意見公募時の案の公示日：2007(平19)年10月1日〜2008(平20)年9月30日）の「関連資料」として規制の事前評価書の添付がウェブ・サイトで確認された総数は35件である。各府省が実施したパブリック・コメント手続については，一括して「電子政府の総合窓口」(e-Gov)に掲載されている。したがって，同ウェブ・サイトを通じて検索することにより，どのパブリック・コメント手続に規制の事前評価書が添付されているかを確認することができる。

規制影響分析の実施状況を正確に捉えようとする場合に留意すべきは，以下の諸点である。まず，各府省のウェブ・サイトにおいて公表されている規制の事前評価書の実施時期とパブリック・コメント手続における案の公示日がかけ離れていることがあり，図表6-1に掲げた各府省の数値の内訳のうち件名が必ずしも対応していないことである。また，政令レヴェルの規

84　例えば，警察庁が実施した「銃砲刀剣類所持等取締法の一部改正」に係る12件の規制影響分析では，ウェブ・サイトの見出し部分では「2008年10月公表」とされているにもかかわらず規制の事前評価書の「実施期日」の欄では「2008年9月」と記載されている。

139

第Ⅱ部　パブリック・コメント手続の実証分析

制の事前評価書をウェッブ・サイトで公表しても，規制の事前評価書をパブリック・コメント手続の「関連資料」として添付していないことがある[85]。さらに，1つのパブリック・コメント手続において複数の規制の事前評価書が掲載されることがある[86]。こうした場合，規制影響分析の実施件数は1件とカウントしている。逆に，政令案のパブリック・コメント手続に添付された規制の事前評価書が後続の省令案等のパブリック・コメント手続にも添付されることがある[87]。こうした場合，規制影響分析の実施件数は2件とカウントしている。

図表6-1：規制影響分析の実施件数と規制の事前評価書が添付されたパブリック・コメント手続件数[88]

府省名	内閣	公取	警察	金融	総務	法務	文科	厚労	農水	経産	国交	環境	計
実施件数	1	1	18	20	12	1	2	30	5	19	13	4	126
事前評価書添付のパブリック・コメント手続	0	0	0	4	6	1	1	10	1	12	1	1	37(35)

出典：各府省ホームページに基づき筆者作成。表中，括弧内は実数。

(2) 規制影響分析の実施に関する特徴

上で述べた諸事情により，義務づけ後1年間に実施された規制影響分析の

85　例えば，国交省が実施した意見募集「海洋汚染等及び海上災害の防止に関する法律施行令の一部を改正する政令案」，及び「建築基準法施行令の一部を改正する政令案」の場合，当該政令案について公表された規制の事前評価書2件はパブリック・コメント手続の「関連資料」として添付されていない。

86　例えば，総務省が実施した意見募集「消防法施行令及び消防法施行規則等の一部改正（案）の概要」の場合，2つの規制の事前評価書が関連資料として添付されている。

87　例えば，経産省が実施した意見募集「ガス事業法及び液化石油ガスの保安の確保及び取引の適正化に関する法律施行令の一部を改正する政令案」の関連資料として添付された規制の事前評価書が，後続の意見募集「ガス用品の技術上の基準等に関する省令及び液化石油ガス器具等の技術上の基準等に関する省令の一部改正案」の関連資料としても添付されている。

88　図表6-1の各府省別内訳のうち，3省（厚労・経産・環境の各省）の共管法律に係る政令案1件については，各省において1件とカウントしている。

総数，及び，そのうちパブリック・コメント手続の「関連資料」として添付された規制の事前評価書の総数を量的に確定することには困難がある[89]。しかし，少なくとも図表6-1から確認できることは，各府省による規制影響分析の実施件数とパブリック・コメント手続に規制の事前評価書が添付された件数との間には大きな差が存在することである。

たしかに，規制影響分析の大半は法律レヴェルで行われている。規制の事前評価書の内容が法律により委任された政令内容と関連性が薄いため，パブリック・コメント手続の「関連資料」として規制の事前評価書を添付する必要に乏しい場合があろう。また，総務省が2007(平19)年に公表した規制影響分析の「ガイドライン」[90]では，上位法令と下位法令について同時期に一括して規制影響分析を実施した場合に，法令のレヴェルごとに規制の事前評価書及びその要旨を作成・公表するのか，又は一括して規制の事前評価書等を作成・公表するのかは各府省に任されている。したがって，各府省による規制影響分析の実施件数とパブリック・コメント手続に規制の事前評価書が添付された件数との間に一定程度の差が発生することは首肯できる。

しかし，関係する規制の事前評価書が公表されているにもかかわらずパブリック・コメント手続の「関連資料」として添付されない場合，意見提出者の多くは規制の事前評価書の存在を知ることが困難である。規制の事前評価書には，同書作成に至るコンサルテーションの結果や代替案など，企業・団体等や市民がパブリック・コメント手続を通じて意見を提出するにあたり参考になる内容が含まれている。これを欠いたままのパブリック・コメント手続では，企業・団体等や市民から提出される意見の質や量に影響を与える可能性がある。また，公表された規制の事前評価書がパブリック・コメント手続に「関連資料」として添付されない場合，企業・団体等や市民には規制の

89　各府省のウェッブ・サイトに掲載された規制の事前評価書の件名とパブリック・コメント手続に添付された規制の事前評価書の件名とが異なる場合が多いこと，また，両者にハイパー・リンクが張られていないことが，上記調査をさらに困難にしている。

90　総務省「規制の事前評価の実施に関するガイドライン」(2007(平19)年8月24日), http://www.soumu.go.jp/s-news/2007/pdf/070824_1_bs2.pdf

事前評価書の内容について意見を提出するオフィシャルな機会が存在しない。しかし，規制影響分析の基礎を構成するバック・データ，例えば生命価値の原単位（岸本 2006；古川ほか 2004）を幾らに設定するかは，規制影響分析の信憑性ひいては規制立法そのものの正統性を左右する。したがって，各府省による規制影響分析の実施件数とパブリック・コメント手続に規制の事前評価書が添付された件数との間に大きな開きがある現状は，パブリック・コメント手続の活性化という観点から精査してみる余地がある。

　以上，本節では，次節以降の分析対象を画定すべく，各府省による規制影響分析の運用実績について概観した。次節では，規制影響分析の義務づけがパブリック・コメント手続に係る行政官僚制の行動に間接的に影響を与えたのか否かについて論じることにする。具体的には，規制の事前評価書がパブリック・コメント手続の「関連資料」として添付された 35 件を素材に，規制の事前評価書が添付されていないパブリック・コメント手続と比べて提出された意見数に差異があるのか否か，及び，差異の有無を規定する要因は何かを分析する。

第 2 節　規制影響分析の義務づけが行政官僚制に与える間接的影響？

　前章では，パブリック・コメント手続を通じて提出される 1 件あたりの意見が多ければ多いほど各府省が規制案を修正することを実証した。仮に，この分析結果が妥当であり，かつ，規制影響分析の義務づけがパブリック・コメント手続における意見数の増加につながるならば，規制影響分析の義務づけは行政官僚制による規制案の修正に対し間接的に影響を与えると予想される。そこで，本節では，規制影響分析の義務づけ後 1 年間に規制の事前評価書が添付されたパブリック・コメント手続 35 件について，規制の事前評価書が添付されていないパブリック・コメント手続と比べて提出された意見数に差異があるのか否か，及び，差異の有無を規定する要因は何かを分析する。

(1) 規制影響分析の実施は企業・団体等や国民による意見提出行動に影響を与えたのか？

さて，先に紹介した規制の政策評価に関する研究会による「最終報告」[91] によれば，「規制の事前評価は，規制の構想・計画段階において，国民に対して十分な情報公開をするとともに意見交換の場を提供し，広く国民の意見やニーズを政策や事業計画に反映することを通じて，規制の質の改善，規制策定プロセスの効率化に資することを目指すものである」と説明されている。総務省の実務担当者は，「評価書の公表は，遅くとも，パブリック・コメント手続きを開始するまでに行われる必要があり，パブリック・コメント手続きのなかでも政令等の案とともに，公表することが求められる。規制影響分析による評価書の内容も踏まえて，国民等から意見が提出されることを想定しているからである」（木村 2009：328）と述べている。つまり，同報告は，パブリック・コメント手続に規制の事前評価書が添付されることによって，利害関係者のみならず広く市民各層から多くの意見が提出されることを期待しているのである。それでは，規制の事前評価書の義務づけは，同研究会の期待通り，パブリック・コメント手続における企業・団体等や市民からの積極的な意見提出行動を誘発させたのだろうか。

さて，規制の事前評価書が「関連資料」として添付されたパブリック・コメント手続 35 件の各省庁別内訳は，図表 6-2 の通りである。なお，図表 6-2 中，「平均意見件数」とは，各省庁のパブリック・コメント手続に寄せられた意見の総数を実施したパブリック・コメント手続数で除したものである。「審議会等の事前関与」とは，規制の事前評価書における「有識者の見解その他関連事項」欄に関係審議会・研究会等の調査・審議結果が掲載された数の合計を示している。「平均期間」とは，規制の事前評価書の公表日からパブリック・コメント手続の案の公示日までの期間の平均を指す。「修正」とは，規制原案の修正に至ったパブリック・コメント手続件数を示している。

---

91 規制の政策評価に関する研究会「最終報告」（2007（平 19）年 9 月 27 日），http://www.soumu.go.jp/s-news/2007/070926_1.html

第Ⅱ部　パブリック・コメント手続の実証分析

　図表6-2で示しているように，規制の事前評価書が添付されたパブリック・コメント手続1件当たりに提出された平均意見件数は11.057件である。他方，規制の事前評価書が添付されていないパブリック・コメント手続1件あたりに提出された平均意見件数は約31件である。しかし，後者の値が大きいのは，文科省及び厚労省が実施したパブリック・コメント手続4件（このうち，文科省が実施した2件についてはまとめて「結果概要」が公表されてい

図表6-2：規制の事前評価書が添付された各省庁別のパブリック・コメント手続一覧

府省	パブリック・コメント手続の総数	意見が提出されたパブリック・コメント手続	平均意見件数	審議会等の事前関与	平均期間	修正
金融	4	4	15	2	1.25	3
総務	6	5	7.333	5	13.333	1
法務	1	1	2	0	14	0
文科	1	1	7	1	8	0
厚労	10	8	6.7	8	1.2	0
農水	1	0	0	0	3	0
経産	12	11	18.583	9	10.417	3
国交	1	1	9	1	2	0
環境	1	1	25	1	3	0
計	37（35）	32（30）	11.057	27（25）	7.029	7

出典：「電子政府の総合窓口」（e-Gov）に基づき筆者作成。なお，括弧内実数

図表6-3：規制の事前評価書が添付されたパブリック・コメント手続と規制の事前評価書が添付されていないパブリック・コメント手続との比較[92]

	実施総数	平均意見件数
事前評価書あり	35	11.057
事前評価書なし	698	9.799

出典：「電子政府の総合窓口」（e-Gov）に基づき筆者作成。
但し，意見数が1000件以上の4件を除く

92　ただし，規制の事前評価書が添付されたパブリック・コメント手続を期間中に1件も実施していない省（例えば，警察庁）は考察対象から除いている。

144